市场的博弈

孙涤/著

格致出版社 上海人民出版社

本书鼓励民扬儿：

他从物理改学经济；年轻人都在发觉

混沌的人际系统比明确的自然系统更具挑战

前言

　　这本小书是我 2009 年到 2010 年上半年写的部分评议随笔，大都在《南方周末》和《上海证券报》的专栏上发表过，应读者和编辑的要求选出成集。回看这些文章，觉得还有些分享的价值，讨论的内容还切题，而且未失时效。

　　眼下的民众，官员们也差不多，生计多在市场里挣得，价值追求也通过市场获得，和三十年前迥然不同，差别比起三十年前后的深圳更有过之。不论是现年三十岁不到，或开放前就已成年，都得到市场去证明是驴是马，结果常出乎自己的预期，也出乎他人的意表。这反复说明了，市场即使有其规律，也绝不轻易就能为人驾驭。许多自诩把握了和兜售着“规律”的大人先生们错得离谱，下不来台甚至先遭淘汰是司空见惯的。人们于是逐渐体认到，市场行为是博弈行为，不理性或太理性同样难以胜出。有个哲人发感叹说，“人生是一系列棘手而敏感的博弈”(life is games, tough and sensitive.)，针对的就是市场中的人生。如何在市场里博弈而能有效益的话题，在个人家庭、企业组织、公共政策、国与国的各个层面上，都引起经久不衰的兴趣。起码对眼下的几代人，谈市场的博弈行为是切题的。

至于时效,指讨论不能只是明日黄花。不但问题本身要引起长久的兴趣,解决问题的方法途径也能对问题的演化及其所处的环境趋势提供持续的指引或启发。讨论能否有较长的时效性,不但要看讨论出的结论将来兑现的程度如何,还得看讨论的反证是否有效。也就是说,相反的结果在当时讨论中在多大程度被明确否定了的。拿股市的预测为例,真材实料的分析师推荐的股票有七成以上后来果真涨了,再加上后来跌了的股票有七成以上在当时就被他给明确否了的。前一层容易做到,后一层的考验却是很多浪得虚名的股评人经受不起的。

经济博弈行为的分析判断是否具有时效非常值得大家关注。与科学问题有着质的区别,市场博弈行为的影响因素纷杂,因果关系混沌,又涉及价值和信仰,是很难通过决定性的检验得到证实或证伪的。鉴于此,我们选取了七个系列的讨论,背景都在本次经济金融危机发生之后。就诉诸的对象来讲,分为以下几类:

《股民的七宗罪》(2009 年下半年)针对个人的市场博弈行为;

《明天会更好》(2010 年上半年)针对个人—企业—国家的市场博弈行为;

《金融海啸的来龙去脉》(2009 年上半年)针对国家—企业的市场博弈行为;

《美国的长程演变及其对中美战略博弈的影响》(2009 年下半年)针对国家的博弈行为;

《新格局下的资源分配》(2009 年下半年)针对国际的市场博弈互动;

《市场博弈的简单原则》(2009 年下半年)和《明智的市场决策》(2010 年上半年)则是针对个人—企业的市场博弈行为。

它们都围绕一个核心概念——经济理性来展开讨论。

对经济行为人的理性假设是主流学说几乎所有理论模型的前提，也成为诠释现实世界经济现象的大困扰。人不受拘束追求自利就能使市场运作有效而达到最佳效益？市场能把运作其间的人变得更加理性？两者又是怎样互动相得益彰的？教科书里对这些的推导都显得逻辑分明，但一到个人或组织的抉择或政府国家的公共政策，产生的纷争恐怕比形成的共识还要多。在经济学大师（甚至诺贝尔奖得主）之间，常常在一些"基础问题"上（比如税收的经济后果）有南辕北辙的判断，对"基本史实"（比如 20 世纪 30 年代大萧条成因和恢复）的描述上也是大相径庭。叫人不得不质疑，个人和组织越是理性就越能自由，越是追求自利就越能产生效益。

不囿于学理而从观察和反思出发，这些困扰其实并不费解。我们的前辈经历过两次世界大战的涂炭，我们这辈亲历过"文化大革命"的浩劫，年轻一辈又尝到了金融海啸的苦头，难道还不足以教人避免轻信盲从？有些人设想，如果把人都改造成雷锋同志，世界就能变得完美；又有人设想，如果大家都修炼成特蕾莎修女，世界就能变得和谐，而经济学家设想，如果大家都能够有纯然的理性和十足的自主，市场就应当不成问题。然而更"硬"的道理是，作为数百万年现代人类漫长进化的结果，他们无法在短时期内改造成为理想境界的理性人。

笔者对这些问题怀有兴趣，长年观察体验的结果，确立了问题的解决只有通过市场的博弈过程来推进的信念。这些评议也是在内心对话的基础上写成的，其一些基本观念表述在一篇书评《人的决策趋动和经济理性》里（请见本书的代序），要点如下：

"（经济）理性"假定：

人的经济活动是自利的追求；

这种自利追求是始终如一的；

人有充足的能力来充分贯彻其自利追求。

亚当·斯密对人的自利追求做了明确有力的"正名"，他之享有崇高的历史地位，名至实归。然而何为利？是否所有的利都可以用货币来计量，都能在市场上交易？何为己？是否起于个人的头而止于他的脚？如果说人终其一生自利活动占主导地位的说法大致靠谱的话，那么人是否始终一贯地积累钱财，而且积得越多越善？至于一个人是否有能力来充分贯彻其自利的追求，而达到"幸福"的目标，争议就更多了，略具反思能力的人都会有矛盾的体验。

显然，"个人到达幸福"和"社会臻于和谐"依存于目标的设定，远远不止简单的效率问题。从目标的选择到目标的完成，乃基于人类社会的文化和信仰的追求。这需要同时顾及怎样确立目标，如何衡量目标是否达成，完成到什么程度，以及实施的具体步骤和资源配置的效率评价。也就是说，需要回答三类问题：目标的正当性（propriety），目标的效果性（effectiveness，即正当的目标能否达成），以及完成目标的效率（efficiency）。

怎样才算是合度的个人和公义的社会？人们孜孜追求的目标和价值，其设定既无法靠效率理性的计较推导出来，也无法被效率理性取代。在哲学层面，"应当怎样"是不能由"是什么"推导出来的。通俗地讲，"快"、"多"、"省"并不保证就能得到"好"。什么样的目标值得人们费心费力去追求，就好比旅行的目的地（正当性），选定了目的地才谈得上达到它的方向和方法（效果性），而后才能盘算完成效果的成本效率。好莱坞有一位大导演的比喻很生动，他说为了制作有真正创意的动画片，他才选择"坐火箭"，而赚钱是给火箭备足燃料而已。

在目标设定方面，经济管理等行为科学的真正大师赫伯特·西蒙则有他启示性的感悟：人类作为社会动物，在满足存活的要求后，"就追求两类重大的体验。第一类最深刻的需求，是运用其技能去响应挑战，这可以是击出一记好球，或是漂亮地完成一项任务；第二类最深刻的需求则是，寻求和一些同类建立有意义的和谐关系：爱及被爱、尊重及受尊重、分享经验、为共同目的而工作"。

对这个"永恒的问题"的探索将没有穷尽。除了提醒人类的理性有其固有的限度[1]之外，笔者觉得重复下面的三个问题，有助于大家思考如何在市场里博弈而得到自己的幸福追求。这三个"永恒的"问题是两千多年前由一个犹太高僧提出的。他的名字叫"希莱尔"（Rabbi Hillel），是耶稣基督的同时代人。希莱尔问道，

1. 要是我不为自己，那么谁会为我？

2. 要是我不为别人，那我又是什么？

3. 要是我现在不去做，要等到何时？

个人和群体在市场中博弈，困扰和挫折感直接间接地都会递归到上述问题的回答，而有成效的自利追求也或多或少地与三个问题相联系。笔者在学习并试图理解人类的系统时，总会参照这些问题。写出的观感检讨，笔者希望，能够当做扣动读者心扉的一块小小的敲门砖。

小集得以成书，笔者衷心感谢：余力女士，《南方周末》专栏版面的责任编辑；沈飞昊先生，《上海证券报》专栏主编；何元龙先生，格致出版社社长；钱敏女士，本书的责任编辑；以及许多师友的帮助。

至于评议的不妥当和不确实，不用说，责任当然全在笔者，还望读者先进多多指正。

孙涤 谨识于

洛杉矶，2011 年 6 月

---

1 近三十年以来人的认知科学和行为科学，以及脑神经科学和实验心理学取得的长足进展，逐渐揭示出人类理性的固有倾向及其局限对市场博弈的影响。科学实验、神经影像学和分析工具的突破，为人脑功能及其后果的定量解析甚至最终在某种程度的反馈调节提供了可信的证据，并为将来进一步发展打下了坚实的基础。

人的决策趋动和经济理性
——兼评《动物精神》（代序）

《动物精神》（Animal Spirits, George A. Akerlof & Robert J. Shiller, 2009）是一本值得研读的好书，它的及时出版，呼唤整个经济学理论框架的转型。从模型方法和前提假设，到决策建议和预测导向，目前的主流经济学理论同经济运作现状及经济发展趋向都严重抵牾，无论在价值测评、资源配置、收益分配、激励平衡各个方面，经济学理论都可谓步履蹒跚，在 2008 年爆发的金融—经济危机震撼下，其不堪重负的疲态更加明显了。

阿克罗夫（加州大学伯克利分校经济学讲座教授，2001 年度诺贝尔经济学奖得主）和希勒（耶鲁大学经济学讲座教授，有名的凯斯—希勒房地产指数的开发者之一）是经济学领域内部人中的顶尖人物（两人都师从 MIT 的经济学大师 P. 萨缪尔森），由他们发起质疑和冲击，要比外部的批评有力得多。

2008 年 11 月英国女王访问皇家科学院，问了一个让经济学家尴尬的常识问题："毁灭性的市场危机扑面而来，经济学者为何无法觉察并预警？"说经济学人都毫无所知，指责未免过甚。比如，希勒就曾一连几年大声疾呼，狼快来了，被淹没在主流的噪音里。又如，希勒的同事，同是耶鲁大学经济学教授的基纳考博劳斯（Geanakoplos）发觉现行的经济学模型的基本假设前提有严重缺陷，并在 2000 年就提出过论文，论证"杠杆周期效应"很容易就能拖垮市场，业界也几乎充耳不闻。世纪之初，法国的一群读经济学的就曾发起对"脱离实践的'幽闭经济学'（autistic economics）"抗议运动，并建立"替代经济学"的网站和杂志（www.alternative-economiques.fr），但对经济学规范教程的触动不大。很久以来，经济学研究的严重缺失令圈内人都感到不满。例如，1988 年美国经济学会就组成委员会来调查经济学的研究生课程，发表于 1991 年的调查结论相当令人沮丧：美国经济学研究生课程在制作太多"博学的白痴"，在技巧上他们或许训练娴熟，对现实经济问题却一无所知。

一直以来的困扰，是主流经济学的假说认定，既然人是自利的经济行为者，那么他就有充足的能力做充分理性的计算，进而对物质生产及其利益分配形成完全理性的预期。整个理论体系都在设法证明，一切有用的信息已被充分涵盖在价格里，市场时刻处在均衡中，足以指引趋利避害的人，做出的决策也必定十足理性。基于这些理想化的假定建构起来的模型，先就排除了市场大幅改正的可能性。一厢情愿地盲从模型的计算，认为市场崩塌这类"小概率事件，最多十万年才有可能发生一次"，完全罔顾近百年历史上接二连三发生过的危机和萧条。然而，就在 G.卢卡斯等人——占据着经济学理论界过去三十年的霸主地位——宣称说，经济衰退的问题已经得到解决，即便不是一劳永逸，世界起码在今后几十年将安然无事的当口，全球的人都遭了殃。按主流经济理论建立起来的计算模型，无论是投资界的、研究机构的，还是美联储和各级政府，果然都没能亮出预警信号；不惟没有，甚至海啸已在到处肆虐，这些模型仍然不见反应。错误出在哪里？

对于经济学界的颠顸自得，《动物精神》的两位作者表达出他们的强烈不满。他们提出的异见，不在于其见识的高卓——在许多社会学科里，类似的观点早已广被接受；也不在其分析的深奥——经济学理论的假设及推论与现实的严重脱节，略具常识的人也能一望即知。他们要回答"一个以科学标榜的学科，经济学将何以自处？"的挑战；要解释主流经济学理论和模型为什么不但不能预测，不能解释，甚至不能恰当地描述市场的波动，并试图进而探讨，为什么个人——市场活动的主体——的经济行为塞不进"完全理性"的套中的原委。

"理性市场"（或称"市场有效假定"，EMH）和"理性预期"的假定过去四十余年一直主导着相关的经济学研究。对它的批评可以在《市场理性的迷思》里找到。(The Myth of the Rational Market, Justin Fox, 2009。该书比较系统地回顾和检讨了"市场有效假定"的形成和演进的历程，及其对市场（金融）资源配置的扭曲，颇值得一读。）这里的考察将仅限于人的"理性"和"动物精神"的关系。

"（经济）理性"的概念是主流经济学的基石，它假定：

● 人的经济活动是自利的追求；

● 这种自利追求是始终如一的；

● 人有充足的能力来充分贯彻其自利追求。

几乎所有主流经济学派的模型都是以上述的假定为前提条件而构筑起来的。

亚当·斯密是对上述第一点做了明确有力的"正名"，也因此被尊为现代经济学之父。对历史和现实的考察，斯密得出结论，人类在物质生产和利益追求上的合作，乃是建立在自利基础上的。受其好友休谟的启发，他不但在事实上，并且从道德和公义上论证，自利的行为不仅在实际经验中可以普遍观察到，而且正当，而且有效。斯密的其他分析，比如分工原理、国家的经济职能、市场交易的平等，尤其是人们自由支配其劳动力的解析，相对均属次要。（事实上，斯密也不可能对纸币、银行、现代企业组织有所洞察，其时的市场只是个体户和小作坊分工协调的集合。）斯密有系统的论证之所以石破天惊，在于他突破了笼罩一切的传统（道德）意识。当时居统治地位的价值观认定，凡是合作就必须有利他的善意为前提。道统，尤其是教会，诉求于德性的僵硬主张，贬抑着人们的追求，不但扭曲人性，同时严重阻遏着经济扩展和社会进步。尽管斯密相当谨慎机巧，避免和现存正统发生正面冲突（在卷帙浩繁的《国富论》里，据查证，他只有一次间接地提到上帝，称之为"我们的救主"），但斯密为自利行为"正名"，需要卓拔的勇气。他享有崇高的历史地位，名至实归。

但是斯密并没有规定，个人所有的活动是否都必是利己的。何为利？是否所有的利都能用货币来计量，都可以在市场上交易？何为己？是否起于个人的头而止于他的脚？子女是不是母亲的一部分？个体是不是团体——家庭、家族、宗族、部落、民族、种族、企业、组织、国家——的一部分？一个人的信仰或兴趣能否通过买卖而增益？以怎样的价码来结清才算合理？斯密似乎回避了深入的分析。而谁又分析得了呢？

一百多年以后，尤其到了马歇尔的手里，"理性的假定"进一步被表述成为"人的自利追求是一以贯之的"，这是个跳跃式的发展。如果说人终其一生自利活动占了主导地位的假定还大致没离谱的话，那么人是否无时无刻不在积累钱财，而且积得越多越善？"理性假定"的第二层意思是否合理，至今仍是质疑不断。在逻辑上人们不难推导，追求一项任务的效率和任务本身是否值得追求并不相互依存。亚当·斯密明白其间的差别，当是毫无疑义的，他终身的挚友和精神导师休谟的主要历史贡献之一，就在于区分两者的含义。

至于理性假定的第三层意思，一个人是否有能力来充分贯彻其自利的追求？新古典经济学理论的抗辩集中在，当个人处于自由的状况，即在传统羁绊和政府干预之前，天生就具备这种能力，可以无止境扩增自己的利益，而当他摆脱了传统和政府的影响之后，又会恢复这种"自由选择"的能力。这个假说却大大跳离了斯密的朴素理性观，甚至马歇尔的理性观。（顺便提一句，斯密在《国富论》里从未用过"理性"一词。）强加在个人行为的第三层假定，无论对己或对人，都是一种"致命的自负"。可以肯定，人类并不具备这种能力，许多学科的研究都指出了这一点。例如，哈耶克对此就讲得很清晰，但被人引用时，却往往有意无意地遭到曲解。又如，美国的一本新书（Predictably Irrational, D.Ariely, 2008）极为畅销。该书通过对个人行为的大量实证分析，揭示出人的"非理性"是系统的、结构性的，可被预测的，对理解人的"动物性"是怎样左右个人及人群的选择和决定，颇多启发。

《动物精神》的作者从剖析经济学理论对理性行为的假说来切入，以人的决策行为如何受其"动物性"左右为例证，来谈现实中"动物精神"是怎样影响人们的经济决定的。

受着19世纪物理科学的辉煌成就的鼓舞，经济学急欲把自己提升为某种"科学"，它拷贝了古典热力学的若干模型和算法，算是穿上了严整逻辑系统的新衣。在定量分析工具缺乏的当初，这原本无可厚非。起码，经济学从此有了一套能量化计算、能交流、能积累研究成果的话语系统。当时借用物理学方法的经济学人，原本也知道这类简化乃不得不为之，对借用方法的限度也有清醒的了解。然而进入惯性运行后，便渐行渐远，淡忘了当时假定的限制。于是在简化基础上不断地"提纯"，臆造出一个"完全理性人"，进而复制出整个市场的"理性族"，据以打造"有效市场规律"。

殊不知经济学研究的对象是人，这和物理学研究的对象独立于观察分析的状态大异其趣。人是长期进化的结果，又受到文化进化的强烈塑造，人们与环境积极互动，并对生产和分配关系提出强有力的反制。人类的这种根性，在进化过程中铸就，异常强韧，经济理论以简化的名义舍象掉了人的动物精神这个本质元素，等于把待解问题的可行解给先行剔除了。这好比医学在对付人的疑难病症时，先行假设了患者是个超人，开出的方子难保不走样。

有了这层铺垫，让我们来看看"动物精神"到底指的是什么。

在经济学的领域里，"动物精神"一词因凯恩斯而驰名，这类本能属于潜意识的深层次，凯恩斯在笔记中的旁注为 unconscious mental action，故笔者以为，把它译成"人类本能行动"，或许更为贴切。这类高级的行动模式理应为人类所独有，凯恩斯名为动物的精神，可能是为了人的"理性计算"相区别。

凯恩斯在他的《就业、利息和货币通论》的第十二章"长程期望的状态"里数次用了"动物精神"的概念，解说在信息缺失或无法齐备的状况下，人类面对不确定性是怎样做决定和采取行动的。凯恩斯指出，人们是无法确知和准确测算长期投资的回报的，而这类决定对经济发展至关重要。经营的成效究竟如何，其结果要在几年甚至几代人之后才会清晰起来。因此，投资者的展望不可能是冷静计算（cold calculation）的结论，而只能靠直感指引，凭信心决断。不妨说，积极进取，勇于行动是人类的特色。

人类为什么保有"动物精神"，进化直到文明阶段而仍有其成效？人们可以在其他学科，诸如认知科学、脑生理学、行为心理学，找到解释，不过人们无可能也缺乏能力做"完全理性的计算"，这是显而易见的。决策尤其是关键的决策，多半必须在"信息不对称"的状况下做成。信息完备，或信息对称，常是人们的假想，甚至是自欺欺人的假想。即令人们最为热衷，收集信息最不遗余力，而信息系统的应用最广泛的证券交易市场，也从未有过真正意义上的"信息对称"。

"动物精神"凭信念和直觉积极行动（proactive on trust, intuition and heuristics），得益于人类漫长的进化过程，不断得到保存和强化。反过来，游移、畏葸、悲观、被动、得过且过的人，即使曾经有过，恐怕也被淘汰殆尽了。基于信念的直觉行动，在人类历史上，特别是在转折和开创的关头，有着不可胜数的成功案例。

不用说，决定人群命运的战争和决定人类福祉的创造开发的动力多半来自"动物精神"的范畴。仰仗信念积极进取而获得突破的例证，在人类历史中举不胜举。譬如，哥伦布发现新大陆的航行，就是一种凭信念的冒险进取。按照其船队的三条小船所载的给养，绝对到不了预期的目的地印度。当时人们了解地球圆周长约为四万公里这个事实，已经超过了一千六百年。要不是哥伦布运气，巧遇牙买加的岛屿，即便再迟几天的话，船员准会哗变，把他给宰了！再如，现代人类走出非洲，三万余年前迁移至西伯利亚北极圈内的一个小部落，在冰天雪地里苦苦挣扎了近两万年，乘着冰河期的高峰期白令海峡被冰封时，有一支小分队，硬是闯了过去。目前整个南、北美洲的原住民，无不是其中两个男队员（可能分属两个小分队分别闯入的亦未可知）的后代。

缔造了人类历史的"动物精神"，今天仍然起着关键作用。深圳的崛起，正在我们身边发生，也是其中一例。眺望深圳，我总不免想，能在25年间从一个不足5万居民的小渔村跃为1 200万人的大都市，只靠"理性计较"，能有如此恢宏的结果？许多创业和创新活动，若仅仅靠"理性"来盘算的话，其回报的期望值都是深度"负"的，根本没法展开。事实上，有不少原创性杰出人物，也都凭持信念和直觉就大胆行动，才建立起伟业、推动人类社会进步的。真正的创新，按其本质言，是对习以为常的"理性行为"的颠覆。

那么，"动物精神"的破坏性又是怎样造成的呢？本书的作者，在解析金融市场的大幅震荡的成因时指出，"动物精神"一旦导致巨大的"乘数效应"，可能导致财富大规模的毁坏。说白了，"动物精神"既是应战环境的压力，也是对同类的互动，即在竞取机遇和资源的场合，抢先竞争者一步的行动。同类之间的竞争和攀比——竞争行为的驱动力，常常是"乘数效应"的触发因素。

人们常说，人性中的"贪婪"和"恐惧"是股市剧烈波动的根缘。当人们自主决定并独立行动时，一个人的"贪婪"可以被他人的"恐惧"对冲掉。一旦"贪婪"者屡屡得手，"恐惧"者再三受挫，"动物精神"的攀比，就会使得"恐惧"逆转，汇入"贪婪"的洪流。这时"贪婪"的乘数效应就会剧增，投机之风大炽，激起泡沫的可怕泛滥。正是人际的攀比和盲从，把趋利和避害推至极端，造成了物质财富的大规模毁灭和生产过程的长期中断，有时比战争和自然灾祸更厉害。金融行为学的实验和市场调查一再证实，人的非理性思维并不仅仅是例外的状态。你不妨平心静气回忆一下，买卖股票时自己是怎样做决定的，你最熟悉的人——配偶、子女、亲朋——做抉择时的"理性"程度又如何？看看自己的周围，在看到"愚蠢的同事、同学的愚蠢的冒险居然发了财"之后，有谁还能按耐得住？

在新古典经济学理论的框架里，人既然被假定成有完全理性能力的行为者，"动物精神"当然就失去了立足之地。而个人的效用函数独立于他人的效用函数的假定，已经阉割掉了人际攀比的强烈动机。做了这些不切实际的舍象后，"规范的理论"就把乘数效应给裁掉了，自然也就无法解释金融市场的巨幅波动了——人群的"动物精神"既被阉割，就无从兴风作浪。

书中论及的"动物精神"的其他形式，如讲求"公平"、憎恶"腐败"、货币谜象、重"故事"而轻"逻辑"，人们长期进化而来的种种固有倾向，于是也被排除在现有的主流经济模型之外。其中，"经济行为人的完全理性"的假设所造成的严重缺失，罪莫大焉。如作者评述到，奥地利经济学家熊彼得对经济和管理学的伟大贡献，具有"创造性毁坏的"企业精神尽管是大家普遍能观察到的经济发动机，始终不能立足于主流的经济学模型。又如作者对弗里德曼认为"货币谜象"不可能存在的批驳，也值得研读。弗里德曼"漂亮地证明了"货币谜象在逻辑上不"应该"成立，但他执意把人性"科学化"的企图，却使经济学走了很大的弯路。贯穿全书，作者都在努力说明，数理逻辑是不能取代"生命逻辑"的。

全书结论时，作者指出，当前的主流经济模型所能讨论的经济行为其实相当有限。下面的四大类经济行为里，主流经济理论有能力解释的恐怕就只有右上角的那一类。

	多元动机	钱币动机
完全理性	多元利益动机 ＋完全理性的经济行为	惟有货币计值的利益动机 ＋完全理性的经济行为
有限理性	多元利益动机 ＋有限理性的经济行为	惟有货币计值的利益动机 ＋有限理性的经济行为

理性行为

利益动机

2008 年爆发的市场大崩塌，触发了经济学理论的范型转变的时机，检讨和审核经济学理论的基本假设，将是其中不可或缺的一环。为了回应英国女王的质疑，经济学家两度致函女王(皇家学会 2009 年 7 月 22 日；H.Hodgson & Group 2009 年 8 月 10 日)，在集体认真检讨的基础上，提出他们的看法，大致认为，"是经济学在学科数学训练的偏狭和学术文化的缺失，脱离现实世界、固执不切实际的理论假说，以及对市场的实际运作不加评判地美化等等"，造成了经济学对现实的诠释和指导能力的贫弱。

对新古典经济学误导的前提假定，早就有人表达出严重不满。例如，大师中的大师，K.阿罗和 H.西蒙在这方面的批评，几十年前的见解就已非常精到了。有兴趣的读者不妨参阅两人已有中译本的演讲集：

- 《组织的极限》,肯尼斯·阿罗著,万谦译,华夏出版社 2006 年 (The Limits of Organization, Kenneth Arrow, 1974)
- 《基于实践的微观经济学》(赫伯特·西蒙著, 孙涤译, 格致出版社 2009 年 (An Empirically-Based Microeconomics, Herbert Simon, 1997)

主流经济学理论的一些积弊虽然久已为人们所认识, 在经济行为的解释和经济政策的制定上却一直盘踞着, 引起不小的偏误和损失。如果说当时数据和工具不足, 构建理论和模型之初不得不做牵强的假设, 那么眼下, 数据和计算机能力有了极大的改善, 对人类脑的认知和行为动机的研究也有了非常可喜的进展, 为什么还得抱残守缺, 固执于对人和市场的"完全理性"的假定呢?

这个困惑在《动物精神》的出版也看得出来。两位作者是美国的权威学者, 而且各自在一流学府开设博士课程, 四五年来研修"人的非规范理性行为"如何作用于经济决策的后果, 但要不是这次金融海啸的突发冲击, 他们很可能还不敢把本书付印, 公开亮明立场, 挑战新古典经济学理论基本假设的缺陷。事实上, 从本书的内容来看, 作者在编辑上的仓促和观点论述上的欲言又止, 还是相当明显, 唯恐开罪同行。

从另一个角度, 这也反映出一门学科发展到一定成熟的地步, 就会形成其固有的"规律", 包括惯性和惰性、根深蒂固的信念、盘根错节的利益。改变要牵涉到基础性假设, 所谓"范式转换"者, 从来都是极其困难的。T. 库恩的名著《科学变革的结构》对物理学的演进史做了开创性的批评, 能帮助我们理解经济学研究的现状。让我们寄望, 经济学能够由这次代价惨重的大衰退获得推动力, 从基本假设前提着手, 来彻底改造它的"范式"。

对此, 我们借用经济学诺奖得主, 天才学者 H. 西蒙在他的《基于实践的微观经济学》里的一段话, 恰如其分地表达出对经济学的忧虑和期待：

　　"我们必须寄希望于经济学研究生，能使经济学的实证研究再度活跃。学生对现状存在着很大的不满，甚至变得虚无起来。许多学生对它们失去信任，为不得不把研究时间花在毫无结果的形式主义上面而懊恼不已……开辟新路径的愿望还在，超越计量经济研究来探索新的实证研究方法的愿望还在……现有的经济学理论不足以应对国家和整个世界所面临的一些复杂问题的情况是可悲的。我们在提高和改进那方面的理论上应该不懈努力。在具有战略意义的学科如经济学上，哪怕稍稍取得一些进展，对整个世界的公共事务和私人事务都将带来巨大的价值。"

目 录

股民的七宗罪 (001)

原罪一：贪婪 (002) ／原罪二：畏惧 (003) ／原罪三：盲从 (004) ／原罪四：嫉妒 (011) ／原罪五：傲慢 (012) ／原罪六：暴怒 (012) ／原罪七：怠惰 (013)

明天会更好 (016)

明天的股市会怎样 (016) ／股市的6D困境 (019) ／哪个新兴市场的明天会更好 (021) ／明天继续发展是硬道理 (025) ／明天的资产配置 (028) ／失衡、救市的明天 (031) ／中美汇率角逐的明天 (034) ／明天的机会成本 (037) ／明天的"小政府、小企业" (041) ／哲人对明天的预测 (047)

金融海啸的来龙去脉 (051)

前篇：美国银行危象四伏 (052) ／引言：金融海啸肆虐，美中的因应之道 (059) ／金融海啸何以在九月迸发 (063) ／本次金融海啸为什么难以避免 (065) ／"金融创新"和监管的关系：风险为何非得失控才能被认识？ (069) ／政府对金融系统监管难在哪里 (073) ／上帝有几只手 (078) ／美国还能继续一手遮天吗 (084) ／中国如何出招 (091)

／知易行难的"以人为本"（097）／知难行易的"企业升级"（103）

美国的长程演变及其对中美战略博弈的影响 (109)

国民精神与经济规模（109）／民主体制，兴还是衰（110）／集体行动的逻辑（112）／美国内部的头痛问题（114）／棘手难题的诊治（116）／中美怎样互动（118）

新格局下的资源分配 (121)

对手的评价（121）／要素的贡献和竞取（125）／经济的长程博弈和人口政策（128）

市场博弈的简单原则 (134)

衰退完结了吗（134）／红海还是蓝海（137）／何时入市投资股票（139）／投资还是投机（143）／怎样带领企业渡过危机（146）／巴菲特的穿透力（149）／巴菲特的进和退（151）／巴菲特的又一次进击（155）／美国失业状况继续恶化（159）

明智的市场决策 (163)

经营决策的要旨在于选对人（163）／市场驱动和内在驱动（166）／小建议、大乾坤（169）／小措施，大收益（174）／让利益相关者管理自己（176）／关注力决定效益（179）／早起的鸟儿（182）

股民的七宗罪

　　以此为题写一点来自警的念头已经很久了，迟迟未能动笔，原因是眼下股市下挫，恐怕扫大家的兴头。更令人犹豫的，其实是恐怕遭人误解。和西人不同，国人向来讳言"罪"（crime），尤不认同人有"原罪"（sin）。中文里没有"原罪"的概念，即使有，语义上和与"恶"绑定的"罪"没什么差别。中国的哲学价值，也以"人性本善（人欲本恶）"为主流，和基督教文明的"人性因原罪而有缺陷，故必须加以限制"的认知大相径庭。反映到规则和约束的设计制定上，意旨和品味的出入也极大。故而一谈到"罪"，很容易就引起国人的抵触。

　　因此，似乎有必要交代一下，在笔者看来，这类"人性之罪"（按旅美的政治文化学家张灏院士的意思，委婉些改称作"幽暗意识"无妨）是人类千万年进化的结果，与生俱来，属于人之常态。只有当它们不受节制地膨胀，推之极端，导致毁坏，才变成"恶"。但另一方面，这类"原罪"如果不足的话，人性都会萎靡而无所作为。对这种"过犹不及"的诠释，莎士比亚的深邃是无人能比的。人们也许能够轻易判定麦克白夫人、威尼斯商人、伊阿谷等是"恶人"，不过要认定哈姆雷特、李尔王、奥赛罗为"恶人"却会犹豫,尤其不会认为朱丽叶或罗密欧是"有罪之人"。然而,他们都是因为"原罪"或"人性原动力"过于强烈,才酿成悲剧的。

这里所要说的股民(注意还不是股市)的"七宗罪",大抵指的是"人欲过度"造成的过失。我们再强调一遍,"适度的罪"原本是经营投资或任何风险事业不可缺少的驱动力。所谓"适度",依笔者的愚见,是股市里不同的见解,尤其是对风险的看法,能够平衡而充分地表达。交易各方能有效地相互制衡,一些人的过度冒险会被另一些人的过度保守所平衡,市场才不至于失衡过度。但是当投资人的意见高度趋同,持异见的声音变得极微弱甚至完全遭到压抑时,标志着"过度"即将到来。没有了制衡的力量,市场的钟摆愈来愈偏向一个极端,要么过于狂热,要么过于绝望,会酿成深重的毁坏。

原罪一:贪婪

一次又一次的股民投资意向调查,对"你是否认为眼下是投资的好时机?"之类问题的回答,事后的分析无不发觉,越是泡沫盛行即将爆裂的前顷,人们越是偏向于认为应该即刻进场一搏,虽然此时市场向回摆的概率正变得越来越大,逆转也越来越迫近。

不过投机泡沫的现象总在事后才能得到证实,事先认定它的存在非常不容易,而把握爆裂的准确时机更是几乎不可能的事。市场的狂热正是股民大众一面倒看好,用钱"表决"的结果。泡沫泛起之初,不少人感到忐忑不安,质疑的声音还比较响亮,受着有节制的热情在推助,牛市还不至于过度。然而一旦做多的屡屡得手,质疑的主张一再受挫,持币观望者似乎受到多头胜利号角的召唤,纷纷加盟;做多获得丰厚回报后见好收手的那些人,此刻也以更高的价位再度冲入市场;原本持审慎姿态看跌的人此刻则发生大逆转，一跃而为亢奋的多头……市场的虚火上炎之时，再理性的投资人也只有噤口，一来怕遭人讪笑，二来自己的预测再三"被市场证伪"，未免底气不足。他们不惟不敢出声，甚至失掉了打算捕捉市场失衡的绝佳时机来赢利的信心。因此，就在牛市全面飘红、质疑的意见销声匿迹的时候，市场逆转的拐点其实就快君临了。

原罪二：畏惧

回顾对投资意向的调查同时也发现，越是市场悲观充斥，交投冰结，股民弥漫着绝望情绪认为市场前景一片黑暗，却反而是市场回摆日趋迫近的时候。这也说明了，"畏惧"和"贪婪"并存，是人类与生俱来的情绪钟摆的两极。它们推之极端，如同利剑的双刃，都能斫丧人性。

2009 年 11 月巴菲特应邀到母校哥伦比亚大学与学生交流。其时市场正在奋力走出末日情绪的困境，他和盖茨受到了同学和主持人一再追问，"你们对市场经济的信心如何？""本次危机和贪婪有何关系？"等等。巴菲特对后一类问题的答复一如既往：贪婪乃人类的本性，并非在这次市场谬误里学来，也不是在这次危机中才被发觉的。过去二十多年美国的监管环境和税收制度催眠了市场的约束和纪律，令欲念恶性膨胀，夺门而出，而整垮了整个市场。眼下主要的症结则是畏惧，它和贪婪是一枚硬币的两面。畏惧笼罩之下，人们视长期投资为畏途，浪费了许多机遇，尤其可惜的是浪费了大量的人力资源。巴菲特说自己在金融海啸扫荡后不久，几天之间投进了 80 多亿美元，表达了他对市场制度的强烈信心，绝不因为众人的畏惧而却步踟蹰。

"适度的贪婪"其实是经济发展市场繁荣的驱动力。在日常用语里，动力怎样才算适度，有着不同的称谓。积极的词如"进取"、"创造力"、

"求新求变"之类；中性的词有"追求"、"企图心"、"不安于现状"等等；而"野心"、"欲壑难填"、"不择手段"之类的词汇则被用来贬斥过度的贪欲。表达"适度的畏惧"的词汇也同样如此。"审慎"、"稳健"、"知所进退"等，和"大胆"、"冒进"、"无所顾忌"等，在价值判断上的褒贬非常不同。"过度"与"适度"间的差别，不能用数量和逻辑来衡量，应该是由不同语汇的固有语义来界定的。

"贪婪"和"畏惧"如影随形地绑在一起，其他种类的原罪多多少少也相互伴随。主流经济学理论和模型，假定个人是充分理性的，在市场不受限制的自由交易中，能独立做成于己最有利的决定。作为群体的理性行为——市场的活动，因此在逻辑上被认为是最有效率的。然而在现实世界，群体并不是由相互独立的理性人构成的。人们相互攀比、彼此影响甚至左右，在一定的条件下会蜕变成集体的非理性行为。正是"盲从"——人性的另一种"原罪"，会把"进取"推向过度，酿成了市场普遍的"贪婪"；在另一种氛围下，又会把"保守"推向过度，酿成市场弥漫的"畏惧"。

原罪三：盲从

市场博弈中，人趋利避害的本性驱动着经济的发展，然而正是"盲从"把进取和避险推向过度，酿成市场普遍的"贪婪"和"畏惧"，造成物质财富的大规模毁灭、生产过程的长期中断，特别是摧毁人们的积极进取精神。正如我们在本次市场崩塌里看到的，损失甚至超过了战争和自然灾祸。

盲从（herding）作为股民群体的"原罪"，并不在传统意义的"七宗罪"之列。通常它被译成"羊群效应"，也不足以反映其恶质。和自始至终温顺的羊群不同，盲从有极大的破坏力。你不妨想象动画片《狮子王》，非洲莽原上，成千上万的角牛狂奔豕突，狮子王为抢救幼狮贸然陷入阵中，立马粉身碎骨的浩大场景……

"贪婪"和"畏惧"乃人与生俱来，往往干扰其"理性"的运用，使人干出"自损"的傻事来。认知科学和脑神经研究的进展已经大量揭示出，所谓"非理性行为"是人类固有的心理机制，时不时地阻挠着人们的自利追求。金融行为学的实验和市场调查也一再证实，人凭感觉和感情行事，及其非逻辑思维，并非不是常态。你不妨平心静气地回忆，自己在买卖股票的决定是怎样做成的，你最熟悉的人——配偶、子女、亲朋，在做利益出入的重大抉择时，他们"理性"程度又是如何，就不难体会到其中的道理。

经济学里所谓的"帕累托改进"——效用改进和福利分配的讨论中一个最为关键的观念和机制——是否能够成立，是高度依存于这个牵强的假定的。经济利益体之间效益相互独立的假定，在很大程度上硬把人类相互攀比的根性舍象掉了，把"公正"或"公义"——人类活动的根本追求之一——从经济分析里给剔除了出去。若是没有这个貌似技术性的效益相互独立的假定，许多理论模型的推导和结论都完全不能成立或不能完全成立。现实中有不少被认作是"帕累托改进"的经济增长，实际的后果甚至是导致了"帕累托恶化"！

人类的历史实践业已验证，迄今为止相对于其他经济体制的尝试，市场经济的确更为有效，但并不表示现行的做法无从改进。也得不出这样的结论：市场交易越不加以管束就越能够有效。过去三十年来占统治地位的经济学说认为，个人参与市场交易只要不受拘束，就能有效甚至必然能增进社会的福祉，有不少问题。这样的看法非常一厢情愿，它的实现有赖于许多约束条件，而要凑齐这些前提条件，远非顺理成章之事。

个人要能达到充分的理性，在主流经济学的理解，一般包括三层意思：人追求自利而行动；人的自利行为是贯彻始终的；以及人有能力获取完全的信息，并做详尽的分析判断，直至找出最佳途径，来最大化其自利的努力。除了对"人是否只是逐利而动"，以及"什么是'自己'的界限"的讨论将长久持续以外，人的自利追逐能否一以贯之，则已被证伪。更别说人是否有能力在复杂的系统里，确保极大化他们的"自利行为"了。

事实上，人们（尤其是同处一样的竞争环境的人）的效用往往处于摩擦甚至对抗的态势。在股市里这种关系表现得特别明显。假如说在个人的"七宗罪"里数"妒忌"最难根除，引起了种种恶果的话，那么对团体来讲（这里指股民群体），"盲从"的危害恐怕是最厉害的。

人类和角牛一样，都可能因盲从汇成破坏性的洪流。作为社会性动物，人和蜜蜂、蚂蚁等一样，都是依靠协同来大幅提高组织的整体效率；但显然不能像蚂蚁蜜蜂那样，只是系统的工具而执行给定的功能。人基本上是自利的，个体幸福就是人生的目的。因此，人们要能组织起来而产生效益，行为的协同要复杂得太多。怎样在遵从规则而不盲从（市场的）威权之间把握合理的"度"，是人类永恒的挑战。

盲从在证券投资中是"高致病性"的，这和股市的特质密切相关。我们知道，传染病之所以能勃发，流布爆发成大规模的疫疾，大致需要三个条件：毒性剧烈的病原体；传播超过某个阈限；以及，在适宜传染的环境下。造成5000多万人病故的西班牙流感（1919年）就是一个经典案例。在股市里，影响股价升跌的因素极多，和主流金融理论以为股价即均衡价格的反映、大幅套利机会已被杜绝的假说有着极大的出入，投机在股市里得逞的空间宽广，很容易触发"贪婪"和"畏惧"等原罪。华尔街有句名言，"有谁在看到同事、朋友、邻居在股市里莫名其妙地发了财，而这些人又不及自己聪明，还能够按耐得住？"道出了股民攀比进而盲从的丰厚土壤。

证券交易的特质，是参与者可以在瞬间从买方跳到卖方，这和其他的市场行为很不一样。鞋卖得不好时，制鞋商不可能从卖方，一下子跳过去买鞋来囤积。体育博弈也不同，火箭队的粉丝多半也不会因为火箭队近期表现欠佳，而一跃成为其对手小牛队的粉丝。这些在证券投资中却是常态，由于投资者在卖出和买进之间的瞬息转换，很容易就会把盲从推升到爆裂的临界规模。

于是人们有理由问，诱导盲从演化成经济危机的环境是怎样肇始的？格林童话的一则故事令人难忘：一个神秘的吹笛人，带走了一个德国小镇里所有的男童。在笛声的催眠下，男孩们不管有多调皮捣蛋，都乖乖地盲从吹笛人，走向消亡。在本次股市崩塌中，谁是这种吹笛人？更重要的教训是，若能不受笛声的诱惑，要能更进一步看清盲从的荒诞局面的话，你将面临什么样的机遇？

人类因群体的盲从导致的浩劫一再发生，近代史就有德国的纳粹运动、日本的军国主义兴起、法兰西大革命乃至 1968 年巴黎学生暴乱，1947 年印度和巴基斯坦的大流血冲突……在经济发展的进程中，盲从酿成的危机更是频频，所以有必要对"盲从"这宗罪多检讨一点。

我们做过一个实证研究，来调查盲从在股市中的角色及其影响的轨迹。我在北京大学的汇丰商学院指导一些双学位（北大的经济＋港大的金融）硕士生做了一个时间序列的分析。跟踪调研的两年（从 2006 年 7 月初至 2008 年 6 月尾，）简直称得上"完美周期"，其间中国股市经历了一个罕见的大牛市，紧接着一个罕见的大熊市。在一个全国性大券商的数据支持下，我们得到了两万个散户的随机样本在整个周期（两年）逐日的交易数据，对近千万个数据做梳理并进行了计算分析。部分结果涵盖到了两篇硕士毕业论文（合适时我们将会组织发表）。分析结果和我们预期的一样：个人在市场里是高度互动的，氛围合适时便倾向演变成盲从；身处其境，个人要维持其独立思考决策非常不容易，至于如何审时度势利用他人的盲从，从而更好地扩大自己的利益，就更其困难了，尽管人们无不自以为是在逐利而动的。

我们常常听到"昨天大跌，×××亿财富一夜之间被蒸发！"之类耸人听闻的惊呼，但几乎从来没有听到过这样的警告："昨天大涨，×××亿财富一夜之间被臆造出来！"其实对后者的提示很有价值也更真实。媒体不做如此报道，非不能也，实不敢也。这准会打击收看率，没有哪个股民会愿意听这样的分析。就此一层，我们不难明白，所谓"信息不对称"乃来自于人性自利的偏好，原本就不可能对称。

然而在"盲从"蔓延成大规模的荒唐行为时，总会有一些高手出来教训盲众，捕捉机遇。不妨把他们称为股市里的"佐罗"，他们虽然没有"劫富济贫"的高尚，却是对"股市群体盲从症"的一种有力针砭。

当"市场先生"（借用巴菲特和格兰汉姆的概念）在太得意或过于失望时，就会成为"佐罗"们"反其道而行之"的风向标。股民陷入过于贪婪或过于畏惧的状况之际，证券价格显著地背离了企业的内在价值，市场上就会出现风险缓冲厚实、盈利前景宽广的价值投资良机。譬如，巴菲特就是一位在熊市里逆势操作的巨匠，不过他秉性纯厚，和一剑封喉的"佐罗"形象连不在一起。索罗斯是个快刀手，常常趁金融市场在盲从中崩陷之际斩获巨大。据他的儿子自述，老索是个天生的佐罗。索公子告诫，别听他老爸胡扯他的什么"反射性理论"，索罗斯判断市场盲从是否到了极点，乃是依据他是否有背痛。在市场的钟摆即将回摆、行情丕变的前一刻，老索有个天赋的异禀，他的背会剧烈地疼痛起来。

那么其他那些不具备索氏异禀的佐罗们，又是如何行事的呢？PIMCO（全球最大的债券投资基金）的格罗斯起码可算得上是个"准佐罗"，他对这次由次按泛滥促成的金融危机有深邃的洞察力，PIMCO也从2006年底就开始逆势操作，结果当然所获颇丰。我2008年夏在《南方周末》的专栏里专门介绍了他在巨大压力之下不为所动的过程（《全美第二大银行破产：膀爷膀垮 IndyMac》，2008 年 7 月 31 日），旨在说明，当市场先生如同神秘的吹笛人般带领盲众在"集体非理性"的方向上越走越远时，即使有些投资人看明白了点，至多退出死亡的行列而已。能否果决地逆势进击，则需要不寻常的胆识，是极难做到的。这里我来介绍两位身手不凡的"新佐罗"。他们佐罗般的身手替自己赚到的钱各自都超过奥普拉 + 老虎伍兹 + 罗琳（《哈利·波特》的作者）的总和，那三位的收入在他们各自的领域里是最顶尖的。

第一位是 52 岁的约翰·鲍尔森（John Paulson），原来籍籍无名，狙击次按保险 CDS 一役中成功后，在全球投资界已成了人尽皆知的大红人。为了不和前美国财长汉克·鲍尔森混淆，这里称他为 J.P.。J.P. 狙击市场的盲从洪流，在 2007 年他个人赚得 40 亿美元，此外还替他的基金赚了 50 亿。J.P. 的事例在最近出版的新书《有史以来最伟大的操盘手》里有详细报道。这里的简单介绍旨在说明若想成为佐罗，要诀是必须摆脱"盲从"的人性，并不需要在技术和智慧上超凡脱俗。

J.P. 在 2006 年初就对次按衍生品刺激下房价狂涨感到很不踏实，和他手下的一位新雇员 P 聊起了自己的顾虑。P 还是个年轻人，当晚花了几个小时搞出一张图表，次日向老板解释，J.P. 的顾虑是很有理由的：1975—2000 美国房价的增长年率刨去通胀后只有 1.4%；但在此后的 5 年里，年增长竟达到了 7%。他计算大约得下跌 40%，才能回归到历史的"理性水平"。按以往房市波动的经验，这类改正往往要跌穿回归线方可罢休。

J.P. 如获天启，豁然开朗之余立即着手实施狙击计划。他的方略没有任何创新成分，技术上也简单之极：买进次按抵押债券的违约保险产品，当时它们的价格低得荒唐，因为按照流行的看法，其违约概率是极低的（有种说法是"十万年还不一遇"）。有趣的是，当 J.P. 把他的想法向潜在的投资人说明，包括德意志银行、贝尔斯顿、美林、高盛，还有自己母校的哈佛投资基金，等等，几乎无不遭到婉拒。那些大玩家们拒绝 J.P. 的理由是，假如 J.P. 的思路不兑现的话，一年有可能亏损达 8%。2006 年夏天，J.P. 终于凑了 1.47 亿美元——他自己和亲朋的钱，开始运作。刚待起步时，高盛的一位大牌经理来访，他细听了 J.P. 的方案后连连摇头，大不认同。妙的是，那位大牌刚走，J.P. 马上下令，坚定不移，继续大买。这下就显出了 J.P. 的"佐罗"的本色：唯有众人尤其是顶尖的聪明人皆醉，独醒的才有大赢的机会。J.P. 的基金和大机构对决，他们对抗的 CDS 价值在 10~50 亿美元之间。

果然，2007 年 2 月，J.P. 的基金获利就突增到 66%，7 月更高达 76%。跟着 J.P. 干的年轻人 P 也赚得了自己的"第一船金"：2007 年 P 和太太外出度假，太太在提款机里突然发现他们的账户里多了 4500 万元美元——先生年度分红的第一笔奖金，当时他们还以为银行犯了错误，多打了两三个零呢。

至于 J.P. 能不能继续他的佐罗传奇呢？他认为下一个狙击的目标应该就是美元，而做多的是黄金。他的很多客户并不认同，并从他管理的基金里提款它移，令 J.P. 的基金规模缩小到了 280 亿美元。但 J.P. 坚持黄金在今后三四年里将有惊人表现。（让我们拭目以待。）

第二位新冒尖的佐罗是泰伯（David Tepper），他和 J.P. 是殊途同归，J.P. 的狙击是在贪婪横行、行将崩塌的前夜，而泰伯则是在畏惧弥漫、哀鸿遍野的谷底进击的。泰伯原本供职于高盛，由于个性太独立而且业绩不很出色，升迁几度受挫，只得自己出来创业。1993 年以来他的业绩颇为可观，除了买下著名的匹茨堡的美式足球"钢人队"外，他还捐助了 5500 万美元，把母校卡内基—梅隆大学商学院的冠名成为"泰伯商学院"。

他创立并掌管的基金（Appaloosa）的资产目前值到 120 亿美元，在 2008 年曾亏掉 25%（在危机里尚居同业的中游水平）。趁着市场普遍畏惧，交投冰洁，投资人纷纷跳船之际，泰伯毅然亮出了佐罗之剑。他的理由是政府既然公开承诺要救银行，怎会轻易知难而退撒手不管，听任市场下坠有如自由落体呢？可以说，泰伯赌的其实是政府在市场经济中的干预力量。

于是他在 2009 年 2—3 月间果决进场，以 3 元钱买入美洲银行、1 元钱不到买入花旗集团，并买入 20 亿美元之多的商业地产抵押债券，当时它们的市价已经低得惨不忍睹……结果泰伯败部复活，高奏凯旋。泰伯 2009 年的业绩也很亮眼，基金获利达 70 多亿美元，而他个人的红利则超过了 25 亿！

原罪四：嫉妒

"嫉妒（个人根性）显然是盲从（群体行为）的根基，"有谁在看到'比自己笨'的同事、同学、邻居、亲友在股市里赚到的居然比自己还多，还能按耐得住呢？

轻信流言或过度冒险的行为，往往是嫉妒别人（辛劳或幸运带来）成功而酿成的。股民明智的做法应该是，专注自己的投资，以及通过投资来达到自己设定的目标，避免与人攀比。行为心理学，例如诺贝尔经济学奖得主卡尼曼等人的"前景（参照）理论"（prospect theory）表明，人的心理目标、努力程度、感受到的满足和幸福，是很不相同的。个人的观感，产生于各自的目标、实力、直觉、风险承受能力，脾气性向等等，的差别也很大，本来就没有直接的可比性。即使要比，也须尽量平和，找"对前景的展望值"同自己相仿但略高一点的人来作为参照，别专找比自己幸运很多的来比，搞得嫉妒倍炽，徒然心绪大坏，决策反而走了样。

原罪五：傲慢

心底里自认不如人的人，在这个世界本来就不多，在股民里就更少了。适度地高估自己，不啻是积极的人生态度。毕竟，"自我肯定"和"自信心"，是竞赛和博弈里必持的进取精神；可是过度地高估自己，扭曲而成傲慢，再加上贪婪的诱导，就真的会很要命。拿本次金融海啸的元凶——超高杠杆率来说，当人们不断靠借贷来做风险经营，用1元钱做40元甚至200元的生意，居然还自信能完全驾驭风险时（例如宣称市场崩盘的风险概率，十万年才会出现一次，其实他们的测算模型只用了过去廿年的历史数据），不能不说傲慢是其中的关键杀手。投资股市有如兵家之争，胜负难以确保，需要常怀谦谨和敬畏之心。如果有算定市场的自信，甚至有吃定市场的非分傲慢，迟早会栽跟头的。

原罪六：暴怒

证券投资在人类博弈中也许是除了战争以外得失最难逆料的一种，错失的可能常常接近百分之五十。然而由于天性，人们对自己和对他人的要求并不对称，对失败和对成功的反应也很不对称，在失误发生时往往容易迁怒于别人。尤其在证券投资，决策是一项极具个性的艺术活，因此最好能够由投资人独立做出。信不信由你，若是你想和好友或配偶分手，不妨和他（她）合开账户一同炒股，散伙的机会或许就会大大增加。

例如美国有一项广泛的调查，通过投资账户资金流进流出的记录，美国家庭的证券投资活动里先生和太太分设户头的接近六成，而在这次市场危机之前，分设投资账户的家庭就已高达48%。这说明了，即令是夫妻，家庭的理财思路常常不能一致，其分歧的程度在投资亏损时尤其会上升。约有43%的夫妇承认，2008年以来他们为投资发生了更多的争吵。

投资失误引起的暴怒，有损和谐，有害健康，而无补实际。防范之道如下：第一，不倾巢而出，不要拿养老的老本或子女的学费来冒险。否则很难做到进退从容；第二，把当初投资的理由和动机写下来，发生重大变化后，无论成败，拿出记录来对照。人们常会定向地扭曲自己的记忆，偏袒自己，成为方便指责别人的藉口。研究表明，在投资失误时，不但夫妻、合伙人容易反目，迁怒责怪基金经理或理财顾问的事也更频繁；第三，要承认股市投资有诸多不确定的因素，超出自己的控制和计算能力是非常正常的。机运不佳时要认要忍，避免过于责难自己，不可动辄恼怒他人。

原罪七：怠惰

股市投资是大众参与的多元博弈，但这并不意味它是一种平等的对局。小部分的精英，无论从组织、资金、经验、信息、关系、人才、技术支持等各个方面，都占有明显的优势。比如高盛一类的公司，你必须承认，在短线操作方面自己绝非其对手。因此要有胜出的机会，勤勉固然不可缺少，但主要还在理念明晰。投资圣手巴菲特非常聪慧也极为勤勉，然而他所以能够胜算，主要靠的还是正确理念的指引。

要是自问悟性不是出类拔萃（禀赋优异的人从来就极少），大家倒可以试试约翰·博格尔（John Bogel，著名的开放式指数基金之父）的方法，定出规矩，定期（譬如每个月）投资若干指数股，不管市面怎样上下波动，严格遵守。长期下来，移动平均的股指回报率一定会高出市场的平均值，而且会胜过大多数专业基金经理。长程的经验一再证实，这种方法能跑赢大市，能抵抗通货膨胀，能赢得稳定的退休收入，至少来讲，投资股指的运作费用及管理成本就低了不少。而且省事省心，较少情绪上的波动。

或许有人会批评，假如全体投资人都被动地依赖指数来操作，这个方法就不能奏效了。假如没人主动冒险进取，去发掘和捕捉机遇，来纠正市场的偏误，指数不成了无本之木？不过对人的本性（往往会推之过度）略有观察和了解，我们就不难明白，所有的投资人都被动地依凭指数来投资的股市的状况是不可能会出现的。关键在于，你不要成为他人的垫脚石、牺牲品，或替他们火中取栗。

因此，要旨并不在于勤勉，一躁不如一静，分分钟紧盯着盘面的人，业绩很可能反而更差。要紧的是投资得有纪律，服膺正确理念的指引，努力去实现自己已经合理设定好的目标。

本系列的讨论行将结尾时，我们不妨再絮叨几句。股民的"原罪"乃人类400万年进化的结果，并非罪恶，只是扩张过度就有可能造成过失。其实上文所概括的"七宗罪"，如能适度，相互制约，未尝不是好事。例如，贪婪和畏惧相克，盲从和傲慢对冲，怠惰缓解嫉妒等等，投资行为还能保持中庸，就像七彩汇成的白光。但是若受到强烈的折射过滤，白光被扭曲成单色激光，无论清一色的贪婪还是清一色的畏惧，导致的经济破坏都会非常可怕。

对于投资者个人，要理解人性存在盲点，如同被磁化是铁原子的固有本性，在磁场里就会齐刷刷被极化那样。投资者怎样摆脱被市场极化，避免狂奔到大牛极或大熊极，非常值得我们琢磨和修行。

对于经济学理论和金融学说，则必须承认人的行为中的非理性本质。不可为了模型能自圆其说，或偏爱的学说能自成逻辑，或为了市场无误论和投资人越不受约束越有效率的臆断，把人假想成纯然理性的计算器，有着超人的优化能力。这种前提假设的谬误，已如前述，正是目前经济学说对现实世界解说能力贫弱和预测错乱的的缺失的一个主要的来源。

还有一层或许也值得注意的，就是人们对过往的错失，无论是个人还是组织犯下的，都有固执其见的倾向。行为心理学新近的研究，把这类常见的倾向称为"人对自己的盲从"（self herding）。出于"自我正当化"的目的，还是出于"自我安慰"、"自我肯定"的动机，一定程度上能够保持风险探索时的必要的自信心，本无可厚非。但是推至极端，却有可能导致损失高昂的错误。深入研究"自我盲从"的心理机制，对于提高个人或是组织的决策品质和效益、匡正投资行为、改进金融模型、探究经济政策，都会很有帮助。我们有机会将系统地来介绍。

明天会更好

股市的明天会怎样

"虎年大吉"，开春第一个星期还来得及给各位读者贺岁。

虎年何以特别的吉利？除了可以用《易经》里面的几句话来佐证，也许就在于人们的信念：明天会更好。人类是唯一的物种，在本能之上要靠信念来求生存，谋发展。小至一家一户，没有"明天会更好"的信念，妈妈不会这么辛苦养育孩子，而爸爸也不会如此悉心教育他们；大到整个社会，正是有"明天会更好"的展望，才得以凝聚、积累、忍让，才值得和谐、谋划、探索。就是说，即使为了最基本的生存需要，人类也必须达观和乐观。

但何为"明天"，是次日？是下个月？是明年？是未来？甚或永久？诗人雪莱之所以为雪莱，"冬天来了，春天还会远吗？"之所以被人铭记，因为他道出了人的信念。万一他吟出了什么"秋天来了，冬天还会远吗"或是"春天过去了，明年春天还会来吗"之类的"套话"，我们还会被感动吗？

看来人们还真的乐于被"忽悠",而且会积极寻求(相互)"忽悠"。然而这并不等于说,"忽悠"一概是积极而有益的。譬如股市,各类"大师"——不管来自业界、学界、政界、商界、灵界——的忽悠,就未必都是股民的福音。投资于证券市场,"明天会更好"往往是一厢情愿,很有害。无论经验实证还是理论分析,我们恐怕只能够证明,"明天不确定"。

"明天"至少不是"下一个小时",要确定下一小时里股市会上扬还是下挫,全不可能;"明天"也不是"下一分钟",你要是能够断定下一分钟的股市走向,在电子时代起码可以成功交易六次,杠杆足够加大的话,世界的财富就会"泵"到你一个人的口袋里!于是,股市走势的"随机漫步"理论就发展了出来,任何对冲的机会,在"人际博弈"里只能是稍纵即逝。

"更好的明天"也不会就在"次日",一个西班牙经济学教授(J. Estrada)小结了它的理由。他汇总了109年(1900—2008)美国股市的数据,指出股市的大幅波动发生在极少的天数内。这109年里共有29694个交易日,但道·琼斯工业指数全部利得有三分之二是其中的十个"好日子"产生的;更进一步,要是好运出奇,你能避免其间十个"坏日子"的话,你的利得就能再暴增三倍!想想看,这二十个交易日占总交易日不到万分之七,假如都叫你给预测准了,该多神奇。反过来,万一你运气奇差,遇到坏日子给吓懵了,好日子来临之际还在傻眼的话,那么恐怕熬不过百年早就出局了,或者109年之间已经死过了好几回!这个经验不妨称为1—99的法则,比20—80的帕累托法则可要厉害得多。譬如,你趴个1万元在标普指数股上面,1987—2007的20年之间一动不动,可以增值到9.3万;要是你错过了其间最好的三十天,那么你的资产就只值2.8万,不过30%而已。

　　"明天"也不是明年。就拿眼下的案例为证，美洲银行从 2008 下半年到 2009 年 3 月股价下挫了 92%，在 3 月 8 日后到去年底却反弹了 380%。道·琼斯工业指数去年上涨了 18.8%，这是紧接大出血的 2008 年后的收复失地。2003—2007 五年的年平均收益率是 12.8%，但 2000—2009 十年间的年均回报率是 -0.5%；相比之下，"大萧条年代"（1930—1939）的年均回报率还只是 -0.2% 呢。虽说"罪过"爆发于 2008 年，它的种子却远在此前的繁荣期就已播下。

　　"明天"是不是指"下一个十年"？把"明天"界定为下一个"十年"似乎是合宜的。每一个十年的波动很可观，十年里的某一年也可以产生颠覆性的影响（如 2008 年）。刚刚过去的十年，在美国股市是出奇的糟糕，不但和新千年来临时人们美好的预测期待南辕北辙，而且是美国证券投资有史以来最差的十年，下跌了有 11%。然而就在之前的十年（1990—1999），增长总额高达 432%。但是，以"十年"来界定"明天"，有其主观上的需要：有哪个投资人能在股市里游走博弈超过若干个十年的？五十年不变，或是三十年后大变，对眼下的投资来说，恐怕意义不大，人们对百年之久的预测的兴趣是无法浓厚的。因此，对股市"明天是否依然爱我？"的探询，似乎应该被诠释成我在今后十年内的投资策略应该如何设定和调整？

　　上述的教益是，只有"少数的明天"会更好，而且我们不得不明白，任谁都不可能告诉你哪个明天会更好。我们知道的是，市场涨跌不停，人的行为变动不居，企业有成败、行业有起落、国家有兴衰、世界有起伏。例如，美国股市在过去十年里跌了 11%，其间中国的股市却涨了 560%，俄罗斯的股市更涨了 685%，黄金价格上涨了 308%，而铜价上涨也达到 269% 之多。

　　故而，问题更确切的提法应该是，"投资哪些在明天会更好？"

股市的 6D 困境

"明天"的股市不可预测，还是谦谨一点为好，别老想着击败市场，"抄底"或"逃顶"那类的好事。若你真想要挑入市时机的话，恐怕翻黄历也比听股评忽悠来得强，基于人们的信念——投资是一种信念游戏，除了自己之外，你至少再没别的对象可抱怨的了。

不过有一点还须注意，就是不管明天的股市好坏怎样，你都得和其他投资人互动：整个市场的饼即使缩小，你仍旧可以分到更大的一块；反之，市场的饼扩大了，也不能保证不赔得光光的。证券投资之所以能风靡全球而经久不衰，在于它的人际博弈的性质，人们于是都有兴趣探询，"哪些在明天会更好？"

先来看看两个卓有成效且为国人熟知的理财家的判断：PIMCO 的格罗斯（Bill Gross）和 GMO 的格兰桑（Jeremy Grantham）。我喜欢他们的洞见，也欣赏他们能直言不讳，曾借他们的意见来壮过自己的胆，打算以后还要常常引用他们的见解。

格罗斯对今后十年全球经济的趋势总体上是看淡的。他认为过去几年的折腾，搞得整个世界锐气大挫，修补起来非常费劲。政府和民间都会降格以求，接受一种"新标准"（New Normal），满足于较低的成长率和回报收益。假如在 2000—2009 年间对经济增长的期望是 3%~4% 的话，那么今后十年的预期就会满足于 1.5%~2%。对投资收益的期望因而也减半，从以往的 10%~12% 降低为 5%~6%。扣除预计 2%~3% 的通货膨胀率，实际的回报仅仅 2%~3% 而已。格罗斯对发达国家的前景也不看好，他认为在这些地区，组合投资的收益是为了保值，用来抵御通货膨胀的侵蚀。要谋求发展，就一定得走出美国进击一些新兴市场，比如巴西、中国及其他亚洲的资本市场。他的理由是，这些新兴市场不但投资意愿强烈，财资也已经相当雄厚，这是发达地区在十数年前力求推动全球化的时候所始料未及的。

相比之下，格兰桑对美国的状况要乐观得多。他不认为发达国家的经济增长会有什么结构性的下降，而是相信美国股市仍能维持历史的平均水平（扣除通货膨胀后6%～7%的年增长率），要不能更好一点的话。他不同意格罗斯的"新的低标准"，反而认为美国的一些绩优大公司（约占30%）的前景甚好，能上层楼。在投资国际化的观点方面，格兰桑和格罗斯也大有出入。比如，他认为像中国一类的新兴经济，控制大于管理，社会和政治的不确定变数很多，随时有可能出毛病。格兰桑的见解，是在当今资本的全球配置新格局下，国际化虽然势不可免，但方向上还得周延考量。由于新兴市场发展前景迅猛，那里的公司股票的P/E比过高，并购对象的定价也趋向昂贵，都在导致风险。同时，格兰桑清楚地看到新兴经济（中国、印度等）迅速致富对资源的需求影响，他认为包括各类金属、能源等商品期货的价格，上扬的趋势是难以遏制的。

看到两位大师在他们本行的判断上竟是如此大相径庭，教你不得不意识到，经济乃是人类的博弈而非什么严谨的科学。在两位物理学大师之间，如此冲突的见解，只可能发生在哪个女孩子更漂亮些，哪首歌更好听点之类的判断上，而不会发生在本专业上。不过我想，格罗斯和格兰桑都得像任何具有求真务实精神的人一样，认同一些基本的事实。

今后的十年，各国特别是发达国家都将面对过去十年闯下的5D困扰（Debt、Deficit、Dollar、De-leverage、De-globalization），即怎样解决欠债深重、财政赤字、美元疲软、降低杠杆率以及去全球化这五个方面的问题，为此付出很大的代价。格罗斯的顾虑，从日本人修复企业的财务亏损状况，努力降低杠杆率几近二十年，但成效不大的历史来看，确有其根据。（有兴趣的读者不妨参阅《大衰退》，辜朝明著，东方出版社2008年）。至于美元的贬值，从美国民众沉湎于透支消费、福利薪酬高居不下、拒绝承担税负，而政府只能靠举债支出，以及受利益集团操控的情况来分析，不难明白这是迟早会发生的。

同物流的全球化的趋势有可能式微恰好相反，投资金流的全球化将有增无减。从现在的情况来看，美国股市的波动和世界市场的波动可谓亦步亦趋，风险的正相关性高达90%，而十年前才50%而已。因此全球范围内逐利而动，配置资本的动因非常强劲。事实上，依据MSCI的指数，全球的投资结构已变成了：42%在美国，45%在其他发达地区，新兴市场占了13%。对美国人来讲（还是最大的"金主"，虽然越来越忽悠日本人和中国人来为他们的国债埋单），他们钱财高达72%还是投在了本国的股市，这种状况在今后十年可望有很大的改变。无论格罗斯和格兰桑都认同这个趋向。

国际的巨额资本要投向哪里？这可是个大问题。在美国的理财界有人分析，过去十年间投资新兴市场中的拉美国家（如巴西）的回报，要高出东亚的至少两倍。亚洲市场的P/E比普遍明显高于拉美市场的，买的时候就不便宜，亚洲新兴国家的高成长因此未必能够带来高收益。这种貌似合理的分析是否站得住脚？我们下期来谈。

如果说这一次金融海啸带来的市场崩塌能带给世界什么教益的话，那就是必须De-learning（"非学"，借用韩非子的用语）：人们得摆脱牵强不实的经济理论和对人的行为的虚妄假设，这类观念假设有不少是在意识形态的局促里被硬挤出来的。摆脱谬误观念的纠缠和束缚非常之关键，缺少了这个"非学"的D，前述的5D困境仍将不断重演。

哪个新兴市场的明天会更好

我们多多少少解释了（1）股市不那么有效，否则波动不可能有这么厉害；（2）股市不完美，不那么理性，阁下凭理性就能赚它的钱，它不是你（当然也不是你的领导或是你的投资顾问）所能超越的。

股市之难以预测，在于它的实质是人际博弈。别说证券投资博弈，影响结局的因素众多、长期未定且互为因果循环作用，即使最单纯的两人对局，规则只有四条的围棋，有谁能预断博弈的结果？博弈的参与者以克服彼此为旨归，而博弈的动力源自本能和情感，它们规定了哪些目标才是值得竞取的。至于理性或逻辑分析，不过是达成已选定目标的工具，而不能用来设定目标。

经济学和金融学的理论就其本质，是关于利益分配的学说，诠释利益在人群之间如何分配才能使物质生产得以持续扩展的学说。但是人们有意无意，老是忘了这个本质关键。其中的一个原因，是经济学者受着19世纪物理学研究辉煌成就的刺激，也企图戴上科学的光环，但他们的数学工具却不足于应付人类思维和行为的非逻辑的特质。更主要的原因，恐怕是要把局给搅浑，使利益的格局做偏向自己的扭曲，来扩张自己的份额。把自己或本集团的利益描绘成社会整体利益，给自己的利益观穿上科学或理性的外衣，来迫使对方的信服，或者有口莫辩。

第三个原因则是认知方面的。经济活动是人类自编自导的宏大演出，交易越多元越频繁，物质生产就越发达繁荣，系统也越复杂，要想把握系统的全貌，简直变得不可能。于是"瞎子摸象"就成了我们探索不确定状态的常态。问题在于，每个人都有过分强调自己感知到的那部分的倾向。当摸着象的躯干喊出"象是一堵墙"的时候，我的确是真诚的；当听到你喊出的"象是一条绳"，又没能看到你抓到的是象尾巴，我会很不以为然，会怀疑你的水平甚至你的诚信。在上帝的眼里，我也许"对"得多一点——象在体积上有90%类似墙，尾巴则不到1%——不过这已无关宏旨。因为争论的焦点已经蜕变，已经不再仅仅是"墙"、"绳"之争，而是"我的"墙和"你的"绳之间的博弈！

上述提示可能为我们在上期中提到的必备的"非学"功夫做了一些引导。经济生产是人类的信念活动，人一定是依循某类观念来指导他们的物质生产活动的。拒绝承认人们的经济自利追求受着观念的指导，或拒斥观念的更新的人，多半情况不过是因为他们还在习惯传统甚至陈腐谬误的观念系统的掌控之下。

上述提示也为今天要谈的做了些铺垫。美国证券市场独大的风光已经不再，麇集在美国股市的资金迟早将移出，投向其他的市场，这是昨天已经发生的事，正在逐渐为人们认识清楚。更重要的，是哪些市场明天会更好？

一个认知有着高度共识，就是新兴市场将成为资金流入的目的地，若以经济实力和发展趋势来计算，中国、印度、巴西等国为首的新兴市场占全球的份额应该从目前的 6% 跃升为 13%。然而在方向上，是投向巴西还是投向中国，眼光和判断却大不相同。上期我们引述的投资大师格罗斯和格兰桑，及其分别创立的 PIMCO（管理着 10001 亿资产）和 GMO（管理的总资产有 1020 亿），正好是两种不同判断的代表：PIMCO 主张投往亚洲，而 GMO 则主张投往拉美。何去何从？

GMO 一派判断的依据是，亚洲新兴市场的股价平均水平已经高涨了，市盈率（P/E ratio）过高（或收益率（E/P）过低），相比之下，巴西等拉美国家的业绩要好许多（甚至被认为好出有三倍之多）。PIMCO 的判断，则是根据两地人民不同的投资意愿，亚洲的新兴经济体在利用信贷来经营的意识，以及金融系统的配套和金融工具的支持相对要强许多，形成和创造出来的流动性是拉美民众所不能及的，即便单位收益的价格（即 P/E 值）相对较高，投资回报的期望仍然会更高。例如，依据大摩的新兴股市指数，去年中国股市 P/E 的平均值达到了 31，高出 S&P500 的 50%，而巴西的 P/E 平均值才 14。

笔者认同 PIMCO 的判断。作为中国人，我容易产生偏爱，或者更熟悉亚洲的市场，或许都有影响，不过我还是认为，我的见解有更站得住脚的理由。

一个经典案例是美国 20 世纪 50 年代的房地产开发。从历史和经验的角度来研判长程的战略性决策，往往更能启迪人的思维。受着第二次世界大战胜利的鼓舞，美国的经济表现出奇好。以纽约市为首的美国东部金融资本决定大举进击，开发方兴未艾的两岸房地产。战略判断的焦点是，哪一边更有前景：太平洋沿岸的加利福尼亚还是大西洋沿岸的佛罗里达州？三十年后（1980 年代中期）的业绩盘点，结果已非常清楚，投往加州的资本赚得盆满钵满，而投往佛州的几乎全军皆没。此后的二十年，随着中国大陆的经济崛起，两者的差距更是有增无减。什么原因？

当初的判断以为，跨越大西洋同欧洲的贸易和文化交流将更兴盛，来自拉丁美洲的交易包括劳动力输入对佛州的推动比对加州的更有力。而几乎没有人预测到环太平洋经济交往能有如此迅猛的发展，起先是日本，而后东亚四小虎的起飞。20 世纪 60 年代肯尼迪总统对亚洲（尤其是华人）移民歧视的解禁，使得亚裔社区迅速形成规模，而新移民的首选栖息地是加州，这个因素当初也不曾估算到。始料未及的还有，是信息、生化、传媒娱乐等新兴产业也一同崛起，形成硅谷、洛杉矶、圣地亚哥等新工业基地，不但创造出大量的就业机会和巨额的产值，更催生了创新的文化和优秀的大学和研究能力。不可低估的还有气候上的差别：佛州的炎夏长而湿热，加利福尼亚暖流的恒温作用使得美西海岸四季如春般地宜人。民航的发达也使美国东部到加州的交通大为便利。纽约到佛州的距离，无论在心理上还是物理上，不见得比到加州占什么优势。

令佛州对比加州相形见绌的另一个关键因素，是两州的居民特别是移民在财富生产上的不同观念，（这是我们下期的主题,）从而申

论，为什么从长远看，中国等亚洲新兴市场的确优于巴西等拉美新兴
市场。

明天继续发展是硬道理

为什么说中国等亚洲市场会优于巴西等拉美市场？解释新兴经济长
期发展的孰优孰劣，不容易，要说服他人就更不容易，这类判断将永远
是见仁见智的。西方学界传诵一则掌故，当记者问周恩来（曾有留法的
经历）怎样来判断法国大革命的功过时，周总理回答，不到两百年呢，
评价其历史影响还为时过早！因此，我在这里不如先把判断亮出来。中
国优于巴西等国的理由，在于民众对"明天的价值"的不同认知和期待。
哪个社会的民众对"明天"更重视，更愿意多付出，包括对"今天"做
必要的忍让，它的经济就可望有更长足的发展。

"勤劳、勇敢"是人类的普世价值，联合国近两百个成员，能说哪
个不勤劳勇敢？但为了明天而付出今天的意愿和意志，不同的群体之间
却是大不相同。曾有餐馆打工经历的留美中国学生会有这种观察，攒下
的辛苦钱，华裔打工仔会积存起来，而西裔打工仔会去吃喝。常常是星
期五支了薪水，下周一就来问领班调头寸：周末野餐喝啤酒把钱给喝光
了。活得够潇洒，过好每一个今天，明天的事到明天再烦心吧。然而，
一个民族一个社会过于重视当前而不思未来的做派，恐怕会成问题。对
明天的态度在经济上的影响，不妨从实际生活的细微处观察，除了上述
对当期收入的安排，华裔和西裔社区在下述两方面有着极为明显的差
异：(1) 对子女教育的投入和关切；(2) 守时的习惯。

上期提到的案例，纽约资本在加州和佛州的房地产买卖，成败差异
非常显著的一大原因是，加州得到了主要为亚裔移民的耕耘，而且受着

亚洲经济崛起热力的辐射，而佛州则受着西裔移民的影响却没有如预想的那样，得到拉丁美洲发展的推助。

勤俭、肯承担风险、善于积累并且积极展望未来，还造成了国家之间的巨大差异。例如，美国立国之初的发展水平要低于南美的阿根廷，其时阿根廷在南北美洲不但是最富裕的国家，而且无论是天然资源还是配套要素，经济发展的前景最被看好。美国之为美国，阿根廷之为阿根廷，差别悬殊的一个主要原因，是两国人民在处理"今天"对"明天"的关系上的不同态度。美国人更长于积累、投资、经营，肯展望明天而忍让今天的消费。两百年来，阿根廷的经济增长（扣除通货膨胀的因素）的实际平均年率是 1%～2%，而美国则为 2.5%～3.5%。看似不起眼的 1.5% 之差，210 年长跑下来的结果大不一样。假如你的远祖 1800 年时分别在美国和阿根廷投了 100 美元的话，那你今年在阿根廷的遗产将是 2280 美元，而在美国的要多出 21 倍，高达 49638 美元。

如果说物质幸福是人类的共同追求，那么一群人对生产、积累、财富的态度，很大程度上取决于他们是如何平衡"今天的"和"明天的"快乐的。人人都能体验到"今天的"，然而对"明天的"态度，则须靠信念。正是对财富积累的信念，而非工具理性的计较，造成了一个社会的繁盛或衰败。一个世纪以前，社会—经济的理论（例如著名的德国社会经济学家 M. 韦伯就提出过有力的论述）就在揭橥这层"硬道理"了。

来简单谈谈证券投资回报时所通用的 P/E（市盈率）的涵义应当怎样来理解。这个比率的构成看起来再简单不过，可是它的涵义就没有那么明确了，应用而不知其限度，是会出毛病的。P/E 能够成为投资指引，在于它的一个基础假设前提，是在其他的因素皆不变的情况下解析某一对因果关系。这个"分而解之"的手段，数学和科学上经常用之，然而在对社会学科的研究上却往往失效。

同样的 P/E 值，可以由完全不同的 P 和 E 的组合得到：盈利锐减＋股价崩塌和盈利高扬＋股价攀升能够导致同样的 P/E，比如说同为 20，但两者的经济涵义全然不同。事实上，P 和 E 常是交互作用，甚至互为因果的。

而且在 P/E 的计算上，E 的来源并不确定，指过去一年的？过去十年的平均值？今后的受益怎样折现？有没有充分估算了通货膨胀率？E 的测算口径又是怎样界定的？都困扰着 P/E 在时间纵向上的可比性。有一点很清楚，P/E 值只对评价处于稳态（或说均衡）的市场才比较管用。对处在扩展阶段的新兴市场，如何把成长率纳入 P/E 的计算，还难有定论。不过人们都明白，高成长的市场有更高的 P/E，是有其合理性的。

至于用 P/E 对成长速度很不同的市场作横向上的比较，就更容易产生误导了。P 看来是市场交易的明确结果，其实它的构成同样模糊。人们所追求的，企业未来盈利流折算后的现值和股价波动的差价，哪个居多？而后一部分常常是人际互动和博弈的结果。也就是说，股价的"成长"包括了投资人对它的"明天"的态度。虽说准确测度仍然还是一门艺术，但对变化的方向我们大致还是可以断定的。"明天的股价会更好"的信念，在**适度**的范围里有积极意义：能增加人们承担风险的意愿，能激发他们创新改革的热忱，从而扩大对未来的投入，包括对个人自己的技能投入和对商业运作的资金投入，这同时意味着他们对当前消费的割舍和即刻快乐的忍让。也正是在"明天会更好"信念的鼓舞之下，众人捧柴，经济活动的不断深化和扩展，才"自然而然"地带来更强健的盈利能力，从而在更高的水平上 P/E 得到了平衡。

一个社会要能稳定发展长期丰裕，关键因素之一是对**下一代教育的投入**。华人对自己子女的教育培训的关切和投入是其他许多社会很难比拟的。华人从对"子女的明天"的投入中获得的快慰要超过巴西今天就消费"米酒、足球、桑巴舞"的快乐。据此我判断，中国（劳动力为其主要要素贡献）将比巴西有更长足的发展。

著名经济史学家、诺奖获得者佛格尔（R.Fogel）预言到 2040 年中国的 GDP 要占到全球的 40%，其他人的预测即便没这么乐观，也普遍承认中国的成长速率将持续高于一般水平。假如中国政府能加重投入对劳动力的素质培训，并做得更有效果的话，我深信中国股市 31 的高 P/E 并不足虑，比起巴西的 14，反而更能预示我们更好的明天。

明天的资产配置

对于认真的证券投资者，从长期运作的角度，最关键的莫过于怎样把你的资产配置到不同门类的投资工具上。这比挑选哪只股票或哪个项目、哪栋房子重要，道理很直白，坐进一条快船要比辛苦地划一条慢船更为有效。不过实行起来并不容易，回望多年来的投资经历发觉，许多人包括自己，毛病常常就出在这个环节。

传统的智慧以为，处理好股票和债券的比率就算是理直了资产配置的关系，比如年龄减 20 就是你应该投资债券的百分比，55 岁时最好把 35% 的资产配置在低风险的债券上。这样的指引未免太粗也太浅，尤其是在金融海啸的肆虐之后，证券投资的环境已然大变。即使市面能够逐渐恢复到旧有的规模，交易也不会重蹈原来的规矩，就好比泰国普吉岛在海啸后地貌已大变，要在海滨原地重建旧房，既属不智亦无可能。

这里有个"配方"值得推介，它来自默罕默德·埃尔-埃里恩（Mohamed El-Erian），一位著名投资经理。51 岁的埃尔-埃里恩现任世界最著名的债券投资基金 PIMCO 的 CEO 和首席投资官，在美国投资界声名赫赫，可说无人不晓。他的"配方"大致如下（埃尔-埃里恩的处方是开给在美国职业投资经理人的，我因此做了一些简化）：

股权 50%	债券 15%	实业 25%	机会产品 10%
美国股票 15%	美国债券 5%	房地产 5%	例如:
其他发达市场股票 15%	国际债券 10%	商品期货 10%	新趋势产品
新兴市场股票 15%		和通货膨胀率挂	新能源，遭市场低估
非上市企业股权 5%		钩的债券 5%	的债务工具，等等
		基础设施投资 5%	

埃尔－埃里恩的基本着眼点如下:

- 既然美国公司的竞争力及赢利源多半已来自它们在海外的运营，那么为什么不直接到那里的市场去买股票?

- 请注意美国企业股票仅占到组合的 15%，一个非常有特色的变化。其中最值得长期投资的只是盈利前景稳定、品牌卓著的跨国大公司的股票，因为它们无论在产品服务还是财务数据，质量都比较有保障。

- 通货膨胀的趋势、眼下极低的利率，美元趋软必使美国债券看跌，加上联邦政府可以随意加印钞票，国债的供应事实上是没有硬约束的。更大的范围里，国际债券的情况也好不到哪里去。

- 投资房地产能够较好地对抗通货膨胀，在新兴市场里这方面的需求尤为显著。

- 新兴市场经济的崛起，构成对资源商品和基础建设的强劲需求，因此它们价格的上升趋势在所难免。

- 必须与时俱进地向前看和及时调整，新的机会将不时出现。

资本市场和投资规则都发生了结构性变化，从发生到形成经历了相当长的过程，本次危机把它们给凸显了出来。根据我们的理解，埃尔－埃里恩的组合配方所依据的逻辑，包括如下几则:

1. 以美国为中心的世界经济已被显著分化。在制造业和资源业方面的衰落早已是人尽皆知；美国靠金融服务业来替全球数钱和分钱，特别是为自己攫取高额利润的格局，这次金融危机里已严重受损。

2. 美元汇率的软化将不可挽回，美元带动的通货膨胀将在世界范围内抬头，虽然政府的强制干预和对景气的观望，暂时还在压制它们。

3. 信贷和资本的国际流动将变得困难，虽然需求依然在。记忆中的教训和期望中的风险，使人们仍然过于谨慎甚至畏惧。

4. 通货膨胀的前景迟早要令利率反弹，对于债券，尤其是国债的长程收益的影响显然是负面的。

5. 新兴市场对欧美的商品出超，然后只能把巨额外汇积存投放在美元资产上（主要是国债，连同欧元、英镑的），被迫替发达国家的低成本透支消费埋单。这个"荒唐的循环"在消失之中，中国（还有印度、巴西等）正积极谋求迅速扩增从根本上还没有得到满足的国内基本需求。

6. 新兴市场国家的庞大民众对丰裕生活的追求必将构成对能源和矿产等的大幅需求，自然资源的价格因而必将上扬。

7. 在适于居住、工作和发展的地区，房价的腾升将尤其可观。比如，香港二十年前的房市模式正在上海重演，而香港今后二十年的房价升幅将不如上海。无论如何，房产抗衡通货膨胀侵蚀的能力将远远胜过银行存款。

埃尔-埃里恩提出的"配方"属通用型，对"认真的"长期投资者今后的投资行为，它都能提供指导。这里所谓"认真的投资者"是因为他们，（1）不只玩玩而已，像赌球、买彩票那样以玩乐和刺激为主；（2）不只以某时段的赢利来衡量投资绩效的，并非在当下赚得越多就越好。总之，他们不是 just-for-fun 型，也不是 just-for-money 型。

比"资产配置"本身也许更重要的，是即便你坐进了一条快船（甚至不必花力气去划），然而船要载你驶向哪里？是为了退休安度晚年？

是为了孩子的高等教育？是为了实现人生的某种志趣？是为了计划中的买房？等等，换言之，你要在哪里下船？

总之，投资而不确立目标，投资者就无法确定自己该承担怎样的风险才算是合理。结果很可能会冒过度的风险，到头来还是得不偿失。

失衡、救市的明天

酒徒和赌徒，哪个的毛病更容易得到纠正？酒徒的。理由是酒精对嗜酒是个"负反馈"，烂醉后自然不能继续再喝。然而对于嗜赌之徒，赌资却是个"正反馈"，能鞭策他继续豪赌。更要命的是，输了钱之后，从赌徒的眼里，反而是什么都能变成赌资。

从这个简单的观察我们不妨推论，各国政府用增发票子来刺激次按危机引发的经济衰退将产生的困境。在展望"明天会更好"的同时，我们还必须面对通货膨胀问题，如何与时俱进地调整包括工作、经营、投资活动在内的各种努力，成了每个人必备的功课。

金融过度深化，过度靠借贷来消费和经营，以至于过度曝露在风险之下的社会系统，是本次金融经济危机的一个元凶。但是，当大家对交易伙伴的信用完全丧失信心，纷纷抽回信贷，社会流动性霎时枯竭的当口，国家出面注入流动性和提供信誉担保，确实起了极大的支撑作用。好比一部机器在慌乱中被拔掉了所有的管路和电源（虽然各部件还能工作）的当口，国家来救急，抢先把管道暂时接通，等民众来修复直至恢复运转。现在面临的问题是，民众有没有能力和意愿来自救复原？其实，不但国家提供的担保是虚拟的，它提供的流动性也是虚拟的。一张百元美钞的印制成本是六美分，如果持有者有信心，国家的承诺能够兑现，尤其是相信这百元大钞大致上还能买到预期中一百块的东西，这本不会

出什么大问题。就像洪水决堤后，重新把堤合拢，把泵接通，然后往外
戽水，洪灾总能得到救治。一旦面对滔滔的大水，堤又合不拢的话，众
人的努力就会大受挫折，政府和民众的关系甚至要变味。

美国人就处在这个关头。前几期里我们谈到过的几个 D：Debt（民
间和政府都是负债累累）、Deficit（财政的大幅赤字）、Dollar（被入超
削弱的美元）问题之严峻是前所未有的，各界讨论已经多而深入，就不
在此展开了。我们想指出的是，美国民间和官方的收支严重失衡将必不
可免导致通货膨胀。

弥合收支差距在数字上相当简单：增加收入和约束开支，两者至
少居其一，当然最好是能双管齐下。第一条途径自然是撙节开支。美国
的民众，入不敷出的透支消费已成了他们生活的常态，压缩消费是很痛
苦的事。而要政府削减福利项目的支出，等于重新平衡利益，就更困难
了。奥巴马总统曾下指令，各联邦机构长官必须"逐页、逐条地仔细核
算，看看有哪些项目可以压缩开支，来为更需要经费的关键项目腾出空
间……"一年多以来，竟然还没有找到任何一个项目能被缩减经费的。
结果，两年的预算赤字不变，仍然是 3.2 万亿美元。

途径二，增加税收。这本是应有之理，但在目前美国的政治格局下，
几乎不可行。美国财政的巨幅亏空，已经不能靠逐年的经济增长来合拢。
事实上，2009 年美国的财政赤字不仅是当年 GDP 的 10.6%，政府的累
计负债也不仅是 GDP 的 64%（估计 2015 年将扩增到 GDP 的 73%），其
真实亏空是 60 兆美元，即 GDP 的 3.5 倍到 4.5 倍。政府所承诺的大项
目开支，如已有的社会保障计划、医保计划、退伍军人计划、基础设施
维护等，经费都还远远没有着落呢。可是民众任谁都不愿意增加税负。
奥巴马政府提出要增加最富裕家庭（年收入超过 25 万美金）的所得税，
落实了也只能弥补 1%~1.5% 的财政亏空。美国即使立即停止阿富汗和
伊拉克战争，预算开支也只能降下来 5% 不到，杯水车薪。因此在算术

上，增加中产阶级的税负，势将不可避免；然而在政治上，这却完全行不通。哪个政党敢首先提出增税，立马会丢掉执政的权力和机会。美国近来勃兴的"茶党"草根运动，吵嚷非常厉害，已使任何有增加中产阶级税收念头的政客官员望而却步。

于是，剩下的两条路，途径三，货币贬值，和第四条路，美元汇率贬值。从美国平衡国内各种利益和势力集团的角度来看，这两条途径最方便，可能性也最大。可是美国许多颇有建树的经济学家都在忽视或讳言，美国会主动采取这两条途径来稀释政府债负的可行性。他们的说法，第一，通货膨胀一松绑就很可能脱缰，就如本文开头所说的赌徒行为，通胀的期望会激起下一轮更剧烈的通货膨胀，酿成人人畏惧的超级通胀。长期有序的经济交易全被打乱，本来希图稀释的债务反而会加重；第二，靠美元贬值来逃废国债，对美国这个世界舞台的"大哥大"，毕竟有点像皇后的红杏出墙，不是什么光彩的事。

说了一通美元的通货膨胀和汇率贬值问题，目的是为了帮助理解它们对中国经济发展的明天有什么影响。

历史的经验和学理的认知都说明，通货膨胀和汇率变动都导致社会财富在不同人群和不同地区及行业之间的重新分配。简言之，通货膨胀把财富从积累者搬向积欠者，而汇率升值则在国际收支盈余国里面把财富从贸易部门搬向非贸易部门。

美国通货膨胀和美元贬值的趋势对中国的影响将是巨大的。中国的外汇资产的绝大部分只能以美元存放，而且只能是美国国债的最大买家。考虑到人民币同美元几乎绑定，这种影响就更直接而很少有缓冲的余地。影响的结果包括：

- 中国的美元资产收益极低；
- 中国的美元资产面临美元贬值带来的缩水；
- 输入美国的通货膨胀将难以避免；

- 人民币随美元价格下行，等于对亚洲邻国货币、欧元等贬值，
  会引起贸易伙伴国的不满；
- 官方结售美元外汇不得已吐出的巨量人民币，使国内市场资金
  浮滥，集中表现在不动产的价格腾涨，而中国房地产被认作唯
  一能抗衡通货膨胀的投资品而备受投资者青睐，价格将涨涨不已。

中美汇率角逐的明天

开辟本栏目时笔者曾给自己立了条规矩："勿轧闹猛"。即热门的话题不碰，无谓的论辩避免，只想探讨事物表层下的义理而已。人民币对美元的汇率是个大热题，甚至充满意识形态的火爆激情，理应避免。不过美国财长盖特纳最近的到访，中美双方似乎有了些缓解的台阶，谈谈汇率纷争的底层义理，于是变得可以从容点。

大国之间的交涉，面子等象征往往超出实质考虑。然而美元和人民币的挂钩，对我们的利益出入极大，做了姿态之后，还必须认真计较，再怎么认真都不为过。

从最眼前的利益讲起。我国的巨额外汇存底，相信已经超过 2.4 万亿美元，GDP 的一半以上；而结汇成官方拥有的美元，当在 1.6 万亿以上。持有这些美金的直接收益有多少？在 2009 年 3 月份的两会上发改委副主任张国宝先生提出了质询，他认为去年全年外汇持有的总收益不过 600 亿美元左右，即收益率不足 0.3%，未免太低了。设若美元毫无通货膨胀和汇率贬值的风险，这也低得太不成其话。持有美元的直接机会成本又是多少呢？每结售一块美金（存放在美国），就必须投放 6.8 元人民币到国内市场。1.6 万亿美元等值的 11 万亿人民币由于资本账户的限制，只能在境内冲荡。金融系统积极转动，信贷环境一宽松，这 11

万亿的"基础通货"就加速释放其能量。城市房地产价格的腾升不过是其伟大效应的一个展现。

我们为何非得把财富积存在美元上，买这么许多美国的国债呢？巴菲特讲得透辟，除非中国不卖这么多东西给美国人，否则他们拿到的就只能是美国印发的美钞。假如中国人无法从美国进口他们乐意购买的东西，那就只能购买美国的国债，为美国人的亏空垫款，收益率再低总比压在枕头下要强。他们还能做什么？老头反问道，保管这 2.2 万亿美元可不是一件轻松活。

更严重的问题是，这超低的收益能否扛得住美元价值缩水的风险？这也许是我们盯紧美元的一个强有力的理由：你欠了我们 1.6 万亿，我们也据此作为对价发出了 11 万亿人民币在国内流通，杠杆的支点是 1 比 6.8 的汇率。要是美元贬了值，比如说贬为 1 比 5，人民银行的账户里立马有 3 万亿人民币的亏损，超过了一年 GDP 的增长总额，谁来承担责任？故而，皇帝虽说没有新衣，但有一层薄纱总比赤身露体要好。人们会寄希望，多点儿耐性或许真能织出件衣服也说不准。我却认为，这件衣服即使真能织得出来，也是织给美国人穿的，其他国家不会有福分的。

何以见得？俗话说，借你一百元，责任在我；借你一百万，责任在你；借你一百亿，问题在双方。中国的两万多亿美金，说白了是应收账款，东西移交给美国人用了吃了，本金都还没返回，更别提附加的利润了。这未竟的交易，非大打折扣多半是收不回款来的。

主要的责任当然在债务方。我们上期已有分析，美国问题相当深重：它除了财政收支的真实亏空高达 60 万亿美元之谱（美国 GDP 的 3.5~4.5 倍），失业率高居不下将长期存在。就拿劳动的主力，美国 25~55 岁的成年男子来说，失业率已接近 20%，远高于官方颁布的 10%，就业结构问题的严峻性可见一斑。但关键在于，选民非常反对增加税负来填补政府的亏空，因此要弥合美国政府的巨大亏空和民众的收支鸿沟，政治上最可行的两条路，只能是美元的货币贬值和汇率贬值。

中国的次要责任也难以推卸，倒并不在于把美国人给"惯坏了"。而是一厢情愿地相信，赚得形式上的美元就完成了价值的赚取，并且受此误导，忍让了自己的消费、偏忽了劳动力素质的提升、牺牲了产业结构的更新，以及不得不坐视资产市场的泡沫化蠢动和通货膨胀的恶果。

在汇率之争里，中国要摆脱的是"操纵汇率"的罪名。然而"还我清白"的努力，却正好入了美国（和欧盟等）所设的套中。中国的媒体反复在申诉，除非人民币大幅升值，美国对中国贸易的入超是无法克服的。好比一双运动鞋，中国出口价为 12 元，要是在美国生产，成本得 35 元，在越南生产得 20 元，在韩国或墨西哥生产得 25 元……人民币即使大幅升值 25%，也才卖 15 元，既不会转到越南去生产，更不会减低美国的失业率，徒然令美国消费者多付了 3 元钱，相当于多加一重销售税。不过，道理果真如此明白晓畅，美国人还能不明白而需要中国人来开导吗？

虽说美国的政客有缓解失业人员的愤懑而转移国内压力的需要，但美国有的是深谙韬略、毋劳他人指点的专家。他们找出要求人民币升值为理由，同彼等批评中国人权纪录，根据的是同一逻辑，即制造压力，创造筹码，以换取中国在例如朝鲜、伊朗、以巴冲突等重大方面的战略合作。中国越把美国的具体要求当回事，他们手中的筹码分量就显得越重，讨价还价的价码也就越大。人民币汇率的博弈，因而是不能仅仅在经济层面上加以考量的。

更深一层，随着中国取代德国成为全球最大出口国、取代日本成为第二大经济实体后，美国感到了威胁。一哥二哥的关系在任何组织里总是难以摆布的难题，何况构成 G2 关系的美中，两国在政体制度和文化价值等基本面差距极大。怎样赢得各国心悦诚服地追随，对于老大的地位异常关键。美元走弱的趋势已相当明朗，美国靠美元逐渐贬值和通货膨胀来稀释和减轻自家的债务，是各国预期中的，一般能被接受。惟中国在经济成长强劲、出口递增的情况下，却坚持绑定弱势美元，造成巴西、韩国、印度、马来西亚等国的货币，以及欧元等主要货币的相对升值，损害其他贸易伙伴的利益，会造成他们的疏离。美国出头施加压力，要求人民币升值，即使本国不能直接从中获利，但以一哥地位，替实力不足的小弟兄们放话，可以大收民心，从而把处在二哥地位的中国挡出远远的。而我们现在重提1997年亚洲金融风暴时人民币该贬不贬的贡献，已然时过境迁，未必再能得到其他国家的认同。因此说，人民币的升值与否不能就事论事只算经济账，而应该在战略和全球政治的新格局下来检视它直接和长远的利弊影响。

回到眼下摆脱困局的途径，原则当然是降低风险和摩擦的动因。降低对出口的依赖，增强国内的消费，着重于增加劳动力的素质以提升劳动的附加价值。

特别紧要的，千万可别再往鸡蛋山上垒放新的鸡蛋了。

明天的机会成本

在剖析"明天"的态度上，机会成本是最有用的概念；岂止在经济学，它可能是所有社会学科里做选择时最有用的概念。通常它称作"取舍"(tradeoff)，经济学把它具体化成可测度的方法，思维上是个突破。不过在社会学科里，这个概念的有用性尤其依赖于应用者的水平：使用者的知识、眼界和利益观，否则机会成本不至于引起如此多的吊诡。

首先，机会成本里的成本乃针对面临抉择的"我"而言。何为"我"，远非假设中的那么明确。别说"我"里面是否包括我的组织、我的社会、我的后代，连是否把"明天的我"纳入其中，成本也会大不相同。比如，当前热门的环保问题，困难在于"明天的环境"和"今天的我"的关系如何界定。

其次，机会成本所指的为了作此选择你不得不放弃的次佳选择可能带来的好处。拿什么样的"次优选择"来衡量成本，影响极大，甚至可以是颠覆性的。许多场合，比如，当企业选择投资项目时，只要有意无意地扭曲"次优方案的成本"（benchmark），你几乎就能"证明"自己属意的既定方案在机会成本上的优越性。

从机会成本作为突破口来增进经济决策的效率和制度安排的合理性的著名案例，有所谓"科斯定律"。科斯年轻时在英国的研究工作主要集中在机会成本上，这对他日后的洞见有明显的帮助。科斯发觉有利益纷争的双方若把彼此的机会成本合在一起考虑，组合后重新分配，利益可以大于交易失败，也比仰赖公权力介入强制分配的结果要优越。但是科斯并不能就此解决为什么公权力（各级政府或社区团体）的机会成本不能参与组合和重新分配，以至于交易成本只有通过私人之间的自由安排才能达到最优。公权力固然不是许多公共服务的最佳供应者，但不一定就是最差的。比如说，2009 年度经济学诺奖获得者奥斯特罗姆的许多实地研究表明，因时因地的折中妥协可以有多种形式，完全民间的，纯政府的，而经常是两者的结合，只要有实效能持久就成。她认为产权明晰虽然极其重要，但过分强调私有产权很危险。把"政府"和"个人"绝对对立起来，对问题的解决往往有害。

今天（2010 年 3 月 26 日）看到 USAToday 的封面故事，报道巴菲特对 BNSF 铁路运输 460 亿的投资案。我对巴菲特一向敬重有加，认他为资本主义的投资和企业运作的楷模，从 1995 年就开始著文引荐（包括当时在《上海证券报》我的专栏《管理琐话》上），并打算在本栏目也经常推介他睿智的方式，着重分析他对事物价值的洞悉和人生意义的通达。

巴菲特超大手笔投资被看成黄昏产业的铁路，BNSF 在 2009 年的营业收入和净利润都比上年度下挫近 20% 时，他出溢价 40% 进行百分之百的收购，大大出乎专业投资经理们的意料。巴菲特在访谈中说，他不在乎这几年的业绩，他坚信美国未来一个世纪在人口和运输量的增长将良好，就足以令他投资了。罗斯（获得留任的 BNSF 总裁）说，巴菲特同他讨论业务发展时，指令要以百年来看问题，使他非常惊异，因为罗斯从来不曾见过企业经营用"世纪"来做时间单位的。在业界人们甚至很少用"数年"来做时间单位，常用的则是"季度"和"星期"的业绩。在对机会成本的测度上，巴菲特的"明天"要比通常的长远得太多。

机会成本的测算，可以在时间维度的不同选择而大有出入，也可以因为"次优方案成本"的不同选择而大不相同。例如，一个民营企业家曾告诉笔者他发家的秘诀，说他第一桶金是在摆早餐摊时赚到的。他总是这样忽悠顾客定他们的"次优选择"：您在豆浆里是要加两个鸡蛋呢还是一个？这样，顾客就会忘了"不加蛋"也是一个选择，可能那才是更合适的机会成本。

对于投资项目的决策，很重要的一个环节是找出真正的机会成本，否则是否上一个项目，或删选可相互替代的项目之间，取舍很容易出问题。西方的调查研究和跟踪分析反复表明，企业的收购活动大部分都是失败的，没能实现并购的初衷目标更占了绝大部分。难道企业的决策层都这么无能或偏私？就这么容易轻信投资银行家们的忽悠，不能克制并购冲动？

美国的一家大制造商托罗公司（Toro），市值几十亿美元的割草机生产巨头，是这样来平衡他们的项目取舍的。当有人给公司的 CEO 霍夫曼先生提出有希望的并购方案后，他会像通常的那样组建一个团队进行尽职调查，向董事会陈述该并购交易的合理及可行性。同时，他也会请一些资深主管组成一个"唱黑脸的团队"，专门挑方案的毛病，发表相反意见，并提出"反方案"，旨在否决公司采纳"正方案"。这种做法实质上类似于军事演习对阵里的"沙盘推演"，分成"红军"和"蓝军"两队来操练对抗。对于决定前景的变数众多，成败出入很大的项目，这类"沙盘推演"作业就很有益处。

托罗公司这个做法的新颖之处在于，那个由多名高级主管组成的"唱反调"团队，专门来挑刺，发表相反意见的。托罗公司的董事长麦尔罗斯说，事实上，"唱反调的"还真的成功阻遏了一笔价值上亿美元的并购案，当时这笔交易曾被视为公司重组的契机。但是"蓝军"指出，根据测算那个待并购的企业所处的行业正面临衰退，结果避免了公司可能的巨额亏损。

公司内部扮演"蓝军"来挑战正待定夺的重大决策的合理性和效益几乎是闻所未闻。然而，公司的重大决定能否奏效大都是难以逆料，成本巨大且不容推倒重来的，这和战役的结局很相类似。一旦"唱黑脸的团队"认真起来（为此需要认真对他们提供激励），它的角色就会像军事演习的"蓝军"那样，能够替决策者揭示隐患和潜在的风险，为健全决策和组织的整体利益立下汗马功劳。因为通常促成方案的一方（相当于军事演习中所谓的"红军"），往往会过于乐观自信，偏爱自己的提案，给支持的信息过分的权重，而倾向于过滤掉负面的信息，反方（所谓"蓝军"或"唱黑脸的"）却没有足够的信息、时间、和激励动因来提出充分的制约。因此，正像军事演习或"沙盘推演"能够帮助军队克服"骄兵"的过度自信，企业里形成一支高素质的制衡力量，"专唱黑脸"，一定有助于克服偏颇的乐观所带来的"冒进"倾向，尤其是在决策层如董事会的层次上

这时，董事会听到的是"加蛋"还是"不加蛋"的机会成本之争，而不是通常的"加一个蛋"还是"加两个蛋"的比较，避免采纳本不该上的项目。

明天的"小政府、小企业"

谈明天的发展而不谈政府、企业及其关系，不啻缘木求鱼：普天之下莫非政府——人无不在其下立命，率土之滨莫非企业——人大抵在其中安身。理想的状态，据称是"小政府、小企业"，历史上是否存在过，可以讨论，但笔者几乎肯定，在"明天"这种理想将日渐式微。

先谈政府。政府就其本质是有组织的合法强制力，对下辖成员有能力实施刚性的约束。即便在（原始的）部落，成员在怎样围猎、分配采撷成果、婚娶生殖、祭拜崇奉、侵犯或抵御外部落，都须服从成规，自主选择是个别的例外。个体直接面对"政府"的刚性干预非常沉重，不管它来自族长、头人、领主、区域政府，还是来自于很久以后才出现的中央政府。

在现代术语里，政府的权威被狭义为阶层顶端的政府（在美国是联邦政府），集权的程度则指中央和地方的政府机构的分权是如何构成的。在个人，他（她）关心的，是其所得有几成必须上交，几成还能由自己支配，至于上交给哪一级权威并非关键所在。这就引出了评定政府孰大孰小的两点误判：小政府是指中央政府的规模小和职能少；小政府指的是中央政府的税收轻。

这两个误判使里根总统以来占美国主导地位的"小政府"主张，及其标榜的"政府小就能解决问题"的政绩得以长期误导学界，并影响世界。从经济分析的角度，测算政府规模其实没那么困难，用这两个指标，即（1）政府的开支占全国 GDP 的百分比；以及（2）从政府支取薪酬的人员占全国劳动力的百分比，来衡量的话，美国政府（联邦＋地方）的规模其实从来就没有缩小过。在里根的掌控下，联邦政府扩增得相当厉害。

里根和共和党的"小政府"理论之所以能蒙混如此之久，原因大致有二：（1）开支增加的主项在武力干预和军备扩张，而非对企业的干预；（2）在增加政府开支的同时减税，缺口靠举债借贷来拖延。对于（1），政府的说辞是，军备开支增加有好处，终于拖垮了苏联；对（2）的辩解则是，通过放水养鱼来培养税基，推给子孙的债将来是不必还的。回看历史，两种说辞都亟待商榷。

里根一向好命，把巨额赤字推给后人（他任期八年，年均财赤为GDP 的 4.3%，是本次金融危机前非大战时期里最高的），就安然辞世了，他的好名声也就成了历史性的。格林斯潘运气就没那么好，卸任不过两三年就出了大漏子，罪名还真不好往柏南克头上推。希拉里·克林顿说前几年在参议院反复听格老的训导：减税＋减息不会有问题，财政赤字往后推，到头来其实子孙也不必还债，因为债务会自然被稀释掉的，云云。希拉里现在才嚷嚷，格林斯潘这是"一派胡言！"当时她可听得津津有味。

里根和格老的逻辑恐怕早已成为美国政坛的"常识"了：增加福利开支以取悦一般民众，减低税负征收以取悦富裕人士，为争取选票不惜把财政缺口推给后人，起码推到下几任政府。聊以自慰的辩解，是生产力增加或通涨抬头之后，债务将被稀释于无形。

然而这并不可靠。目前美国的困境，集中表现在财赤缺口和偿债成本的剧增。据著名经济学家 J. 萨克斯的分析，美国联邦的财政收入的常年平均约为 GDP 的 18%，2009 年的大项为：军事开支 5%，退休金开支 5%，医保开支 5%，其他各项（包括科研、教育、外援等等）绝非余下的 3% 所能应付的。仅国债利息的支出一项，目前已在 2% 以上。2015 年当在 GDP 的 8% 左右，2035 年估计为 GDP 的 16%，而 2075 年仅国债的利息负担就将在 GDP 的三分之一以上！这样扼杀性的付息重负是难以想象的。

另一方面，美国民众除了有透支消费、储蓄率极低的痼疾外，基层劳动力成本高昂、竞争力趋下，早已成为结构性的问题。全球化竞争把产能转移到新兴市场建立新基地的过程，也是美国丧失就业的过程，它的失业率将会常年高居不下。回复和创造有满意薪酬的就业机会于是成了政府最严重的挑战，这需要政府大幅增加开支，主持培训和转业和刺激经济等项目，以及失业补助。

在新的竞争环境的压力下，人们越来越依赖政府替自己解决问题。因此政府只会越来越大，从政府的支出（其中国债的利息支出为其大项）和政府的雇员（其中包括靠政府津贴为生的军人和失业人口）占用的国家资源来把握问题，政府断无缩小的可能。这在民选政府就更为明显。美国的民主党倾向于以平权的名义增加弱势民众的福利权益，而共和党倾向于要求国家出面替大企业主开辟商业机会，他们对政府给予强有力支持的要求一点也不弱。差别在于由谁来掏钱解决自己的问题？两党的高度共识是，由后人或外人来掏钱替眼前问题埋单。

外国人又是怎么被拖进去的？美国国债有一半为外国人所持有，那部分里有超过40%为中国政府拥有。如果这些以美金计值的债务过于沉重的话，靠美元贬值（币值和汇率缩水）来摆脱将是简单的，政治上也更为可行。如果说通货膨胀会把美国富裕家庭的财富通过政府转移给美国的债务人（财富还在境内）的话，通货膨胀和汇率贬值则会有效地把外国债权人的财富搬去美国。每想到这类债权人不少还像杨白劳那么穷，却不得不去津贴美国人的过度消费，不免气为之塞。

前一阵在洛杉矶听电台广播，说冰岛人民就是否应该归还外国银行的欠债举行公投，结果颇令人惊讶，高达93%的民众拒绝还债。要知道冰岛作为北欧人，向以坚毅和诚信著称。更叫人震惊的是，电台的评论员竟然说，那7%的冰岛人怎样搞的，居然还想还债？难道头脑短路了不成！

接下来我们谈，为什么"明天"的企业也瘦不下来。社会对企业监管的规则一直就有争议，现在要改革也许不是容易而是更不难了。借着美联储对高盛公司舞弊案展开调查，谈这个题目可能更有趣味。

一家企业会不会发展到"富可敌市场"的规模？这是市场经济的一个大问题。在主流的古典经济学说里，它似乎不应该成为问题。它们认为企业规模发展到过大，自然就会被"市场竞争法则"所淘汰。企业规模大而不当时，内部的协调管理、市场响应、目标执行、利益分配等组织成本就会超速膨胀，大企业在有力量侵害社会之前就先自行崩解了。然而历史的经验表明，大企业的确会扭曲市场竞争，而且势力越大，其危害可能也越大。2010年春季美国证交会决定以欺诈罪名起诉高盛公司一案，可为注脚。

此案充满政治性，公司方一口咬定政府突启衅端，是为了对华尔街制造政治压力，帮助金融行业监管改革法案在参议院通过；证交会和白宫则断然否定，称调查进入司法程序乃罪证确凿的结果。证交会以3:2通过司法追究高盛罪责的决议——两名民主党籍委员加委员会主席（由奥巴马提名担任的无党派女士）赞成、两名共和党籍委员反对，是相当不寻常的。不过证交会和白宫均称，他们没有就决议通过气。

鉴于41名共和党参议员联名致函奥巴马总统，认为金融监管改革法案不合时宜，尤其指责其中对金融衍生品纳入监管并拟严格执行的条款，会限制美国的国际竞争力。虽然并非所有41名反对党参议员都明言要用"拖延阻挠"（filibuster）战术来迫使改革法案胎死腹中，但如果他们众志成城是可以得逞的，占多数的59名民主党参议员将莫奈其何。"拖延阻挠"战术是美国参议院议决议案的一个相当怪异的特色，其"非民主"的性质已经招来很多的批评。在通过美国的医保改革法案时，奥巴马吃了它不少苦头。

那么，高盛公司是否会被"定罪"？没有可能。但它必须"服错"，赔上一笔不大不小的钱，从华尔街抵制改革的游说运作牵头人的角色上退却，做庭外和解，就能够了结。笔者做此揣测的依据主要为：

高盛已有把柄被政府掌握。只要回忆一下 2008 年春夏的报道，高盛负责次按相关衍生品的几名主管 2007 年底的做空成功后的超高分红，就不难推想高盛的确高明，早早就明白了市场一定会在短期崩塌，进行对冲同时买空卖空。不过话说回来，两头通吃只证明了高盛"不傻"而非"不对"，有悖受托诚信，并不构成违法。

高盛必须服错，而不能申辩说，吃两头误导客户的"高明"公司到处都是，何以单挑高盛来整？因为高盛的大哥地位太突出，自恃实力雄厚颇有骄纵之气，政府不拿下这个"酋长"，如何镇得住华尔街的一干枭雄？

要和政府达成和解，高盛可谓"轻车熟路"。高盛和美国联邦政府的关系极为特殊，向来有一条"双向的通衢"，官商两栖的高盛高管不可胜数。高盛一直是联邦选举的最大捐款机构之一，而且捐给民主党的高达 70%。不比大摩是两头押宝，两党各半。

至于政府为什么办不了高盛？这层考量最为关键，同时也说明了，为什么人们对美国主导的金融监管改革期望不能太高。纵观美国产业，最具有国际竞争力的除了好莱坞的影视娱乐，就数金融批发业务了，它是美国攒钱的根基。美国的高端金融服务，替各国数钱、管钱、分钱，并"创新"出许多工具来圈钱。美国金融服务业的盈利能力不但高深莫测，而且是不可被取代的。除了美元是世界储备货币这个超级特权外，世界资金如何计算、核定、分配的规则，大都由美国人来设计、制定和实施的。要它自我变更与己有利的博弈规矩，几乎是不合博弈逻辑的。事实上这些规矩已经为美国带来了巨大的利益，一些简略的数字就能增加人们的认知：金融业的收入占美国的 GDP 的百分比，直到 1985 年才16%，1986 年为 19%，1990 年代在 21%~30% 之间，到了 2007 年竟增加到 41%；金融从业人员的平均薪酬在 1948—1982 年间同美国全国平均水平相仿，在 99%~108% 之间。可是 1983 年开始突增，到 2007 年已经高达全国平均水平的 181%。

然而这也带来了各种社会问题：不能替其他行业带来足够的就业，无益于平衡和增加国家的税收，扩大了贫富收入的差异。金融行业过度冒险导致本次经济萧条，更引起了社会的紧张和不满。这种情势下，在接受国家救助后高盛今年分红 160 亿美元，每位雇员平均高达 50 万的计划，自然令官方和民间恼怒。这里有必要提示一下，美国金融服务业的专业人士赚到的有很大一部分是外国人的钱。问题在于，美国广大民众甚至政府未必分到了他们自己以为"应得"的一份。

我们于是就回到本文的题目，企业会不会发展到大得倒不了？当然会，满街是现成的例子。理想假设里，千百个小企业在自由竞逐，哪个倒了，不过一颗流星的消逝，即便是一阵流星雨又何妨？要是一颗大陨星砸下来就不得了，整个恐龙族可就得灭种。别说花旗这类大银行，就是中型银行，也没有任何现代国家敢让它不经过重组就倒闭。理由很简单，众多选民会跟着遭殃。

不过当人们讨论这个问题时，笔者认为大都没在点子上。关键还是在企业的治理问题，经营者同企业的利益和目标是否真的绑定？假如能够真正把企业经营有效地内在化为经营者切身的利益，那么企业再大，倒闭的概率也会大大缩小。企业作为有限责任的法人，是否允许它死亡的问题，更应该这样来问："怎样确保大企业垮掉之前，它的主管们必须先'死'？至少企业让他们整垮了，他们也得'陪葬'！"

金融海啸的浩大扫荡之后，社会满目疮痍，纳税人亏损无算，但还没有听说有哪个企业主管被真正问责的，甚至连乱搞滥得的红利都无法被追索。企业法人即使被宣告破产，但肇祸的元凶，却趁着法人的死亡而活得更加滋润。不触及这个要害，企业的责任、风险、利润永远无法

"对称"，设计出来企业监管改革的措施，恐怕还是剪镞疗伤。

哲人对明天的预测

"明天会更好"这个系列写得够久，该换个题目了。趁"五一"长周末，重阅凯恩斯 80 年前刊印的名篇，讨论它的内涵，也许能起到承上启下的效果。

凯恩斯的短文，题为《我们后代的经济前景》(Economic Possibilities for Our Grandchildren)，发表于世界经济深陷大萧条的 1930 年。重读大师名篇常会意想不到地启悟自己，除了这个通则之外，笔者推介这篇文章的动机有三：(1) 大师在重挫之下的达观镇定；(2) 大师对经济长程发展预测异常精准；(3) 大师对人类社会发展规矩的理解及预期均大幅失准。

凯恩斯之为大师，在于他的术业专精、在于他洞察历史，尤其在于他品味高卓。读凯恩斯的文章，说理透辟，行文清澈，的确是个享受。能臻此境界的人也实在不多，相与比肩有亚当·斯密和爱因斯坦。克鲁格曼和费曼（物理学家）也可算两个，文章都写得极好，也都得过诺贝尔奖，但能否担当得起"大师"称号，还需商量。

据凯恩斯自己说，文章稿成 1928 年，从大牛市到大熊市，他有没有与时俱进将它改写？我们不清楚。不过在前所未有的经济大崩塌的重轭下全世界都在呻吟，他个人财产也亏损惨重之际，却还能明白无误告诉人们不必惊恐更无需绝望，真不容易。凯恩斯信心满满地乐观预测，工业革命给人类带来的经济发展伟力方兴未艾正在展开呢。

为什么 1750 年前的 4000 年间人类的物质生产力改进极为有限（至多增加了一倍而已），而其后的 180 年却突飞猛进，发达国家（如英国）

增长了至少有四倍呢？凯恩斯认为，首要的贡献来自资本的积累。他摆出一个历实：1580年英国著名的海盗＋海军将领德雷克（Drake）从西班牙的运输船劫掠到巨量黄金而归，给振兴英格兰打了一支"强心剂"。作为打劫公司高风险作业的支持者和大股东，伊丽莎白一世不但用红利还清了她所有的欠债，而且在缴清国债、平衡王朝预算之余，还多剩下四万英镑。女王随即把它投资组建莱温特公司（Levant Company），成功后又用其利润开始东印度公司的国际殖民贸易，一路走强。按凯恩斯的计算，1930年英格兰银行的全部资本40亿英镑几乎全部来自当年这4万镑母金！1块英镑要增长为10万英镑，在其间的250年里，需要4.75%的复利率。这4.75%又是怎样构成的呢？据凯恩斯的计算，英国每年的收益约在6.5%，其中的一半被消费掉，另一半即3.25%用作投资积累扩大生产；在资本有力的推动下，技术革新广泛展开，每年生产力提高的年率为1%；再加上每年0.5%左右的海外收益率。

接着，凯恩斯鉴远知来，对1930年后的一百年，即所谓"子孙的经济可能性"进行了大胆预测。他的结论是，到2030年，英国子民的人均收入将再提高四至八倍。事实上到2009年，英国的人均GDP（扣除通货膨胀的因素）已经又增加了六倍以上。在当时经济处于低谷的一片哀鸿声里，凯恩斯能够做出如此理性的估算，的确高卓不凡。其实他的估算还是偏于谨慎的，因为百年八倍的增长所需要的年复合增长率不过在2.1%左右。凯恩斯假定投资的年增长率在2%，技术进步为1%。但是他同时考虑到了技术取代人力的负面影响——技术进步没能通过创造新就业岗位弥补它带来的技术性失业而产生的劳力利用不足。凯恩斯又言明，他的预测是以不发生大战等浩劫为前提的。事实上，第二次世界大战的毁坏，和战后技术进步迅速创造大量的新产业和就业机会，他意度之外的这两大事件都发生了，影响相互抵消，他的长程预测结果还是异常准确的。

人们难道就只有赞叹凯恩斯预测能力的份了吗？远非如此。

对一个专家的意见是否可靠的评判，应该由两个方面组成。他的预测要是断定了有 A 就会有 B，那么既要看在有了 A 之下导致 B 的概率有多少，还得看在没有 B 的情况下就不可能有 A 的概率是多少，否则你对该预测可信度的评判就是不全面的。例如，一个股评人宣称他对股票 × 的预测奇准，十次说 × 会涨，事后平均有七次果真涨了。你能否就轻信他对 × 的走向有七成的把握？不行。你还必须核查，当 × 下跌的十次里，那位股评人有几次说准了要跌的。如果只有三次的话，那么他预测的把握实际上远低于七成。（其中的逻辑关系，我们有机会再来解释。）

在文章的第二部分，凯恩斯做了另一个也是他更为重视的预测，结果却错得离谱。他大胆预测，百年之后孙辈的英国人将不再需要为经济忙碌，为物质生产打拼了。人类有史以来一直在饥饿和生存线上挣扎，解决温饱几乎构成了人类的全部活动。凯恩斯认为 2030 年时人均收入又扩展四到八倍之后，儿孙辈将能从物质需求里解脱出来，不用为"搵食"而终日忙碌不休，"经济将不再是人类的永恒问题"，凯恩斯如此期许。在物质资料丰裕供应的基础上，儿孙们面对的经济机遇将要好得多：将更有可能追求他们的兴趣爱好，用更多的时间去发展各自的心智才华，也许他们"每星期只需工作 15 小时，3 小时一班……"

为什么人们不能追求他们的理想，而一定得困扰在物质财富汲汲营求上面呢？凯恩斯说，英国人虽比世界大多数人富裕，但可以普遍观察体验到的是，他们的快乐并不就多了一点。中上阶层的主妇们，精神压抑濒临崩溃的情况反而更频繁。凯恩斯于是追问，人们的欲念为何不知餍足？他把人的欲念分成两类，第一类源于生存的需要，第二类则源于攀比的需要——争取比他人优越的追求。第一类欲念的满足有限度，满足后就不再驱动人们扩大生产，第二类欲念则永难满足。凯恩斯设想，到了儿孙辈，人们会变得更智慧一点，将少受第二类欲念的驱使。简言之，明天将更好。

凯恩斯的这个预测与近百年来的社会发展历程可说是全然相左。或许是大师的上层背景、贵族般的教养以及他典雅的品味，我暗暗思忖，是什么令他一厢情愿地茫失贯有的明澈眼光？在这方面，亚当·斯密可要高明得多，他揭示出一条真理，迄今颠扑不破，"万类霜天竞市场！"凡务实的人都看得明白，当代社会的种种缺失，现代人的各类困扰，多和第二类欲念追求的持续强韧联系着。

市场包并一切，你感到是福分也好，或是被强制也好，都已被裹挟在里面了，何以自处？我把市场的法则称之为"青铜法则"，即良莠均在其中的合金是也，我们拟以此为题，来和大家继续分享。

金融海啸的来龙去脉

　　金融海啸发轫于美国，祸及各国，惨烈如冰岛，竟至于整体破产。除了规模浩大之外，它的性质也不同于以往。以前的经济周期波折，多半是实体经济部门挑的头，盲目扩张，供需失衡，祸及大银行等金融机构濒临倒闭时，已是烂穿出脓，行将收口结疤的阶段；这次却全是金融系统造的孽。换句话说，历次经济危机是狗摇尾巴，而这次却是尾巴咬狗，咬得有多凶，对实体生产的恶劣影响有多大，尚难以限量。更要命的是，这场危机将触发主流观念的变革，世称"里根—撒切尔价值"的意识形态在畅行无阻三十年后，行将让位。认为政府对经济的干预无异于对自由市场的戕害的价值判断，从此将有基础性的修正，历史的钟摆很有可能就此回摆。

　　美联储前主席格林斯潘在 2008 年金融市场崩塌不久的 10 月中旬，接受国会质询时，承认自己所犯的重大失误至少有三条：(1) 承认自己据以决策的意识形态有根本性的错误，过去以为越少监管，市场运行就能越有效的信念，如今令他惶惑不安；(2) 承认自己对信贷机构通过自利追逐就能维护股东长期权益的信念，发生了根本动摇；(3) 承认风行了已有几十年的风险管控模式，乃至整个"智性大厦"（intellectual edifice）在这次金融海啸中崩溃了。

格林斯潘对自己的否定显然是釜底抽薪式的。自1987年起执掌美联储的十七年间，由于市场基本上风调雨顺，他被各界充分神话。一年多前出版的自传中，他引用的一段笑话颇为有趣：勃列日涅夫在检阅苏军强大武力时，惊讶地发现阵列中有一小队文弱书生走过，随从告诉他，他们是经济学者，作为新型武器，能够用来捣乱西方的市场经济。格老还真的没想到，自己居然会被美国人自己创造出来的"金融的大杀伤性武器"赶下神坛。不过他还真的够专业水准，能迅速深自检讨。笔者以为，以他荣休的尊贵之躯，其实大可拒绝认错而教人奈何不得，仅这一点就足以令人尊重。

根据格老的反省，引出我们对下面几个问题的探讨。

一、金融海啸何以在九月迸发？

二、本次金融海啸为什么难以避免？

三、"金融创新"和以往的监管有什么关系？它们所积累的风险为何非得失控后才能为人们所认识？

四、政府对金融系统监管的难处在哪里？

五、我国实体经济怎样摆脱金融海啸的拖累？

六、世人能从中得到什么教益？

前篇：美国银行危象四伏

2008年7月12日，我返回北京没几天，洛杉矶就传来了消息，家里附近的印地麦克（IndyMac）银行受到挤兑，被迫倒闭了。这委实教人震惊。IndyMac可不是一个小银行，资产320亿美元，存款190亿；

拯救它的联邦存款保险公司（FDIC）账面上的总资产不过 500 亿，而它可能需要救助的"高危"银行机构已经高达 150 家，年底很可能会超过 300 家。

在美国历史上，印地麦克是第二大倒闭的银行（仅次于 1984 年倒闭的大陆伊利诺银行）。20 世纪 80 年代末美国储贷机构大危机，政府动用了 5000 亿美金才摆平。FDIC 在 1988 年以来统共接管了 127 家银行机构，资产加总起来也不过 220 亿。更令人吃惊的是，我的一个近亲存在印地麦克的钱也将发生提款的麻烦，想来不免有切肤的痛感。

我对美国银行的历史还算熟悉。80 年代中期在得州大学写的博士论文《美国大商业银行的管理绩效》，是最先运用数据包络法（DEA）的多目标决策系统来评鉴营利企业的尝试。当时我与达拉斯的联邦储备银行合作，并使用他们真实的 Call Report 数据和 CAMEL 审查报告来评价银行的经营绩效，同时替得州的银行管理委员会建立起一个风险预警系统。原本选定 50 家最大的美国商业银行（记得当时的标准是资产规模超过 20 亿者），但到 1987 年论文完成时，只剩下 48 家了，只好把论文题目中的"fifty large banks"改成"largest commercial banks"。其中评出的五家最佳的银行里面还有得克萨斯银行呢。博士头衔到手了，咨询工作也做了，不旋踵间却出现了尴尬的局面。美国银行的危机风起云涌，两三年间银行业全面重组，得州更是遭到重创，大银行几乎全部风流云散，得克萨斯银行自不能幸免。

可是谁又会想到，存放在银行的钱，如同放在保险柜里的乳酪，还有别人能动得了？按 FDIC 的规矩，它担保一家被清盘的存款机构的每个存户的存款得到足额支付的上限为 10 万美元。注意不是账户而是存户，也就是你如果在该银行有两个账户，分别存有 7 万和 8 万，外加一张大额存单（CD）5 万，那么 FDIC 接管后，你能确保有总共 10 万的存款在一周内提得出来，其余的 5 万现金和 5 万 CD 则得留待处理，损失率可达 50%。以印地麦克而言，这部分的损失可能达到 5 亿美元。假如你不巧刚卖掉房子，有 30 万转账暂时托管在印地麦克的保证金账户里，就不在保险之列；在清理过程中，这 30 万要被冻结，可能会有 15 万遭受损失。假如你有债务亟待偿还的话，更惨重的亏损甚至个人破产，也不是完全没有可能的。但愿我亲戚的运气没这么坏。

这就是为什么坏消息一出来，许多人就急着到印地麦克去提现的缘故，结果造成了规模吓人的挤兑：在破产前的十一个工作日里，共兑走了 13 亿美元。印地麦克的利空消息已有很长一段时间了，但触发挤兑的是纽约州参议员舒默，他 6 月 26 日致 FDIC 的警告信里敦促对印地麦克尽速采取行动，认为该银行的资产几乎全部集中在"非传统类贷款"，已经大幅恶化，而且只能是每况愈下。这份密函随即外泄，挤兑的结果是，FDIC 不得不在 7 月 11 日宣布接管。对此，负责监管印地麦克的机构负责人埋怨舒默吹起的警哨，把骆驼的脊梁给压断了，而他们正在与印地麦克共谋解救方案呢。舒默当然不买账，他可不是一个等闲之辈，作为参众两院联合经济委员会主席和银行委员会成员的资深参议员，他对金融服务业的状况相当熟稔。他反驳说，把火灾归罪于打火警电话的人显然是荒唐的。

在 FDIC 接管银行的次日，美国财长保尔森就宣称，诸如此类的银行倒闭在近期不会再发生了。

有鉴于上述的情况，我们理一理思路，来试着回答几个问题。

银行风险隐患的坏消息是不是应该捅穿？

理论上应该，风险在积累，不及早披露，损失只会更大。但在实际上，不但业内人士不会主动披露，其他相关利益方也不想揭示，甚至不让揭示。举一个例子，次按的弊端在逻辑上甚为明显，已经危如累卵，但大家还是只愿意看到皇帝的新衣。直至 2006 年尾，高盛终于率先抽身引退，结果一年后它笑得很开怀，几名做出卖空决定的主管分到了累亿的额外红利。不过监管机构也在着手调查高盛的行径，作为次按的始作甬者之一，它曾不断鼓捣客户买进次按贷款作抵押担保发行的债券，这家大投行的投资高手是否有误导的嫌疑，把烫手山芋抛给其他受害人扬长而去？

另有一位真正的高手，太平洋投资管理公司（PIMCO）的格罗斯先生，他在这场博弈里的经历可谓经典，十分耐人寻味。格罗斯被誉为"债券天王"倒不是浪得虚名，2006年下半年他终于体会到次按债券行将出大漏子，决定采取防范措施。他用的方法很朴实：派几十个员工假装要购房，到全国各地实地查访。回来的报告是，皇帝们正光着膀子，没穿新衣呢。于是格罗斯决定斩仓，不再买次按产品。他的做法不但没能提示世人，包括媒体在内的民众反而讪笑他神经出了毛病，尽管他独占"债券教头"的荣衔已有二十年之久了。其间 PIMCO 的业绩也从排名榜的首席掉到了底部。镇定自信超强的格罗斯，心情变得极为沮丧。他进出办公楼甚至只敢走楼梯，生怕有人在电梯里问他业绩的问题，后来他干脆修长假以避免烦恼。这段时间他不断反思，不断派人四处查访，得到的报告仍然是，膀爷似乎越来越多啦！于是他决心咬牙挺住。9个月后，次按市场崩塌，格罗斯被评为2007年度晨星基金固定收益最佳经理人，这是他第三次获此殊荣，史无前例的。格罗斯笑得颇为开怀，但我们无法知道，要是次按的崩塌还得等19或29个月的话，他是不是还扛得住。

舒默是不是过早地揭示了一个经过努力本来可能消解的灾变？

恐怕不是。就印地麦克的案例，它320亿的资产里绝大部分是所谓的"非传统房贷"，即放贷时只需要所购房屋做抵押而无需借贷者的其他资产或收入证明来保证其还贷的能力。也就是，银行的资金安全完全寄希望于房价的继续上升。这种击鼓传烫手山芋的恶性循环迟早要爆裂，在过去几年，洛杉矶的房价甚至逐年递升超过了20%，极不寻常，也是难以持续的，而且将以更大的威力爆裂。印地麦克也不可能有什么其他的盈利来源，继 2007 年亏损 6 亿多，2008 年一季度又亏损 1.8 亿之后，它的亏损只会越来越大。事实上它的业务量一年来萎缩了四分之三，其股价也从 31 美元骤降至 60 美分（最低时仅 26 美分）。

舒默的信件，虽说泄露早了一点，但指明了只露尖角冰山其实在水下必有一大座，触礁沉船的危险很大，并不为过。

保尔森的判断是可信的吗？

不可信。且不说监管机构手上的问题银行，或"高危"银行的名单正在迅速扩大，它们最终被清盘的倒闭率根据历史的保守估算也有 13%。断供遭清算的房屋中，银行不得不接手的更在 30% 以上。事实上不出数天，房利美和房地美的危象不再捂得住了。

美国有一个说法，我在得州读书时常常听到：要是你在厨房里看到一只蟑螂，把它打死后就说蟑螂给灭了，那是你不了解蟑螂。得州的蟑螂，世称 Texas cockroach，和美国的银行危机，可都是巨型的。

美国政府会救市吗？

一定。事实上，没有任何一个现代国家敢让一家有规模的银行倒闭而不加援手的。7 月 23 日美国众院通过了银行救助法案，其中动用 390 亿美元资助地方政府接手遭断供的次按房贷，估计可替 40 万套房屋脱困。布什总统一直表示反对这个法案，并一再声言即使两院都通过，他也不惜动用总统权限将其否决，但随即又声明会同意签署。参议院于 7 月 26 日票决，估计本文见报时该法案已经生效了。

今年是大选年，经济状况恶化对执政党的公信力破坏很大，这是共和党和布什不得不转弯的强有力的理由，他们必须看起来出了一些力，否则麦凯恩当选绝无生路。麦凯恩对奥巴马支持银行救助法案的批评也一定会软化的。

救市会成功吗？

在短期里很难。过去 3 个月全美进入断供行列的房屋就有 70 多万套，2008 年全年至少在 200 万套之谱。美国目前房屋的中位价格已近 60 万美元，10 万美元能否救得起一套断供的房屋？

而且，美国这次房灾是有史以来最严重的，起码也是有系统数据统计以来规模最大的。据最近的综合报告，美国 50 个州里有 48 个，100 个主要城市中有 95 个的房地产市场都发生了严重的问题。房屋的断供现象普遍蔓延，全美的房屋每 170 套里就有 1 套断供，两个月前这个比率还是 200 比 1。而灾情最猛烈的所谓阳光地带，即加州、拉斯维加斯、凤凰城以及迈阿密等地区，断供比率更是惊人。例如，旧金山附近的一个小城（Stockton）的断供率是 25 幢里就有 1 幢，印地麦克所在地洛杉矶东面的河边县（Riverside），断供率则为 35 中居其 1。

笔者曾经亲睹美国房价下挫的方式。1985 年得州的经济由于油价的上扬状况相当好，房价也跟着上升；但得州仪器公司受着日本厂商竞争的挤压，经营出了些问题，裁员数百名，其中的三分之一被迫迁移出售房子，公司所在地达拉斯近郊的理查森市（Richardson）的房价却应声重挫达 15%。房地产市场在其所谓的均衡点上，对供求力量很敏感，一有失衡所引起变化之大之迅捷，会令人大为错愕。

所以，救市的成本将远远超过预估，必定远远超过政治家们所愿意承认的。

救市的成本由谁来承担？

全民。政府救市，人民埋单。政府是个过路财神，拿民众的钱转移分配给民众；而且是多吃多占的过路财神，从民众那里拿了一块钱，再分配还给民众也许只剩了五毛。说到底，民众至多只是靠政府进行"有序的自救"，其中流失浪费的甚多。

这里需加注意的是，所谓"全民"却很不单纯。（1）它不单是"当前的"全民，而且殃及子孙后代。谁都不乐意为他人的错失埋单，政客们无不清楚这一层。所以他们尽量不抽眼下选民的税来救市，而是靠发债，抽子孙后代的税来行事。结果是货币贬值、通货膨胀势所难免；
(2) 它不单是"美国的"全民，而会把其他国家的人也拖将进去。

此话怎讲?

美国作为全球霸主，并非虚名，它是世界的印钞机。既然它亏欠累累，不敢向选民征税，又不敢约束美国公民量入为出，降低糜费，在把眼下积欠的债务尽可能推向子孙的同时，一定会要各国人民来"分挑重担"。最简单的办法是弱化美元，促其贬值。无论欧元、加元、澳元、还是人民币，美元贬值 30%，那么你借给或存放在美国的 100 元钱，到头来拿回的就只能是 70 元了。这种绅士的"逃废债游戏"，美国一定会玩，不管绅士们怎样信誓旦旦。令美元贬值就像带着丝绒手套猛搂各国，特别是中国人，会觉得很痛但莫可奈何。

美国现象对我们有何教益?

不一而足，补药和苦药都有。

- 美国的金融市场总体上讲还是相当健全的，尤其是在程序方面。本次 FDIC 为印地麦克解套就相当到位，反应之迅速、作业之有序、权责之界定、信息之通透，对排除危急整治难题是有效的，大有可观可学之处。虽说是吃一堑才能长一智，但看人家吃的堑长自家的智，是最佳的学习途径。要明白，操作程序向来是我们中国人的短项；

- 我们看到美国人犯错，如次按之类，似乎很是愚蠢。其实错误多半不是愚蠢所致，而是贪婪铸就。就拿次按所引发的危机来说，错误犯得精巧之极，可以说是由各个环节的利益相关方合力串谋而成的，哪个都不是委屈的受害者。制度经济学喜欢用"信息不对称"来诠释问题，其实是利益不对称的代称。我们有机会时拟撰文探讨，解析利益不对称的机制流程是如何造成困境的；

- 在原理和实质利益的两难抉择上，美国，任何其他国家也一样，
  都是优先考虑实质利益，以务实为上。在冲突和危机时，美国
  也都不太按"市场规律"来行事的。无论在它的货币政策、贸
  易争夺、政府干预、利率管控、税收分配等等诸方面的实际作为，
  都表露得很充分，毋庸再劳解释。对所谓的"华盛顿共识"，国
  人的盲从实可以休矣；

- 美元软化的对策和人民币的升值问题，值得我们切实深入的研
  究。同时要设法从巨额美元债权里退出，这可是个动辄得咎捉
  襟见肘的难题。相信中国人是有智慧的，咱们中国人一向都很
  聪明，不是吗？

引言：金融海啸肆虐，美中的因应之道

2008 年 12 月，我照例飞回洛杉矶过圣诞节。看起来未免多此一举，
眼下国内的圣诞气氛早已热过美国，促销手法也层出不穷。不比西俗家
人团聚，是在烛光下静谧地度过，而在京沪等都邑，人们又吃"佛跳墙"
又啖"阿二靓汤"，搞得不亦乐乎。

不过这次在归程中却有不少收获。看到邻座的美国人，Dan 和
Devon，手捧《大陆的企业经》一书（China Inc.）读得正入味，我找到
了话题。两人搭档在上海做生意，定牌生产"有机材料"的针织服装，
出口给 Neiman Marcus（俗称"你们马克思"），美国最高档的精品百货
店。他们很肯定地告诉我，21 世纪将是中国人的。为什么？他们曾经
在洛杉矶经营的纺织厂呆过，根本就不是中国人的对手。接下来的交谈
很热烈，我是带着问题进入讨论的。

金融海啸在美国发作不久，便拍击到神州大陆，欧美消费信心指数

锐挫，直接体现为秋季广交会上订单的锐减。一位台商朋友很沮丧地告诉我，往年他供难应求的蔬果罐头订货，在这次广交会的交易额竟然是零！部分员工因此恐怕不得不被辞退。我去看了昆山，也听说了浙江的情况，出口导向的企业以及就业出现了问题，正趋严重。广东又怎样呢？东莞的业者告知，情况不容小觑，减产、停产、歇业甚至倒闭，时有所闻，下岗问题随之浮现，反过来会严重制约内需的增长，而这正是我们急于解决的。

能否乘势来推进产业转型，完成结构提升的长远目标呢？东莞一家规模势力相当大的制鞋厂主给我解析道，制鞋其实是个朝阳产业，政府应该明确扶持，否则出口产值、利税和就业规模都将受到影响。他对提升附加价值的说法不以为然，对外界所传的郎咸平提出的批评大加抨击。郎咸平举出芭比娃娃的例子来说明我国制造业的窘况：对关键技术和关键环节（如客户渠道和品牌等）都无法控制，拿着极低的加工费，却让资源耗竭并且留下污染。厂主认为制造在价值链条上是相当稳定的一环，赢利也甚可观，而占据其他环节的风险和要求都很高，未必就能够获得厚利。

对此，我暗里颇有些尴尬：郎咸平提出的芭比娃娃的案例，应该是转引我在 1996 年在《上海证券报》刊登的一则案例分析，这篇名为"国际贸易和国际摩擦"的文章后来被收入我的一个小集子《管理琐话》（学林出版社，1997 年版）。由于芭比娃娃的经销商马戴尔和我执教的大学相邻，也是我校毕业生的一大雇主，我相当了解它。克林顿政府每年都会在最惠贸易国待遇上做文章，企图逼中国让步。我当时的分析得出的结论是，一个最基本的芭比娃娃在洛杉矶零售价为 $9.95，但在香港的出口价仅 $2，其中 $1 为港人所得，$0.65 是进口的材料成本，所剩的 $0.35 则为内地民众所得，包括工资、管理和折旧、税费等等，以及老板的利润。美方坚持中国的出口值是 $2，而中方承认的出口值仅为

$0.35，竟有六倍的差别。其结果是，当年美国计算中国对美的贸易出超为 338 亿美元，而按中国的计算，这项逆差只有 86 亿美元！

我最关心的，则是在这三毛五分美金里，胼手胝足干活的那些打工妹们能够分到几文？随着中国入世，贸易最惠国待遇不再是个阻挠，然而这个问题却一直令我们困扰：如果不能让一般民众迅速小康起来，有自主消费的购买力，尤其是对大件耐用品甚至住房的消费能力，国内的市场怎么能够得到提升和扩展？经济成长怎能持续而不受制于人？

Dan 和 Devon 告诉我，两人合伙组织中国的厂商生产。假设一件 T 恤，出厂的成本价是 10 美元的话，卖给"你们马克思"的价格是 25~30 美元，而后者对消费者的零售价则为 75~100 美元。这和芭比娃娃的情况基本类似：零售环节的加价最为可观：200%~300%。这个环节有没有可能被我们染指？几乎没有可能。不要说"你们马克思"或"Gucci"之类的顶级品牌，品质形象根深蒂固，就是二三流的渠道品牌也极不容易被我们替代。不信可以看看中国港台地区，先行市场化的华人地区，他们建立的世界级品牌可以说一个都没有。品牌背后的"社会信任"关系的建立是相当复杂的工程。那么 Dan 和 Devon 掌控的批发环节能否为我们取代呢？有可能但却不容易。两人相当精明，整合了多层中介，从而囊括了 150%~200% 的加价。和芭比娃娃的实例不同，中国香港、台湾、内地或许还有其他美国人作为出口商和中转商的功能，全被他们剔除掉了。

总之，价值链里附加值高的环节多半是建立在人际关系基础上的，信任、信息、管理响应等等，起了关键作用。这些因素具有很强的地域性质和文化影响，很难被充分全球化。解决之道是让我们的中产阶级发育壮大起来。国内市场广袤而且有纵深的购买力，回报率高的环节于是就同样能够在国内运作和展开，本国的企业在国内建立关系的优势就能得到充分发挥。全球经济衰退的这次冲击，也许正可带给我们这种契机来进行调整和转型。我们应该明确，眼前建立内需市场的关键任务在于维持和扩大就业，否则增强内需就没有底气，也难以持久。因此，积极的财政、货币、产业政策所支持的增加内需的项目要强调，至少在近期，评价项目的一个关键指标是它们**对就业的贡献**。

不出一个月，奥巴马就将宣誓接任，他兑现变革承诺的真正考验将随即展开。为什么一谈到经济走向，我们必先看美国的趋势？当然不是出于"崇美"。美国是我们最大的客户，就此一端，就得勤加伺候；况且我们又是美国最大的债主。我们对美国的2万亿的巨大债权，又是以时时刻刻有缩水危险的美元来计值的。对于这样一个"双重皇帝"，我们怎可不看它的眼色行事？

奥巴马拯救经济的第一步已经启动：注入流动性来恢复信贷市场的信心，接管大银行，担保债务清偿，并把短期利率降至零（九月份还是5.25%）！这一步至为必要，各国也在响应，例如英格兰银行，把关键利率降到了2%，是它三百多年来第一次。但这个罕见的断然举措能不能收效，则要看第二步，即民众的信心能否恢复？这比官方单方面迈出的第一步要远为艰难：企业必须正视它们的问题，迅速降低负债杠杆，意味着资产的大幅减值以及股东价值的贬损；人民也得正视自己的问题，严重偏忽积蓄过度消费应当尽早改正，这意味着人们生活方式变更、生活品质降低、就业技能更新等难题。能否在政策上引导选民做现实但有切肤之痛的转变，在过程中排除争议消解抵制，是对民选政府的严峻考验。然后是第三步，在制度建设下功夫，恰如其分地调整和创新，摆脱困境，革除弊端，奥巴马政府能否建立其历史功名，将有赖于此。

对于美国，这些步骤尤其是后两步，关键在于它能不能向世界提供有竞争力的产品和服务。按惯常的推断，美国在应付面临的挑战时会倾向于保护本国的就业，限制产能进一步外移，从环球市场竞争往后退缩，软化美元以减轻近期的债务负担等等，这些将构成对中国的挑战。

在为奥巴马的远见和勇气捏一把汗的同时，我们依靠的还是立足于自己的努力：把重点放在扎扎实实建立内需市场，近期的关键则是重视就业。牢记惟有广大劳动者的消费能力才是内需的真实内容。

金融海啸何以在九月迸发

其实早有识之士提出过此次金融危机的破坏有如海啸般的说法，不妨查一下网络，2007 年春，关于金融海啸的警告就已频频发出。但是为什么一直要拖到 2008 年 9 月下旬才猛烈发作不可收拾呢？不少人曾惋惜，以为要是美国财政部和美联储能够及早救助雷曼兄弟一把，海啸或可消解归于无形。然而，人们更应该质问的倒是，这场灾祸为什么不能够及早被揭示，得到及时的救治？事实上，延误的一年多时间里，损失在成倍地激增。从次按、CDO、CDS 的规模来看，2007 年到 2008 年间又有了极为惊人的暴增。一种比较可信的说法是，美国的总统大选在其中进行了强有力的干扰。

虽说美国版的"发财光荣"思潮在里根当政时期就已滥觞，它在布什执政期间，得到了前所未有的泛滥。美国经济在"小政府监管、大市场自由"的旗号下，近三十年也确实得到了强劲的推动。然而同时，通过金融杠杆对经济资源"五鬼搬运"般地重新配置，种种弊病也逐渐凸显出来：在本国范围，美国民众的贫富差异日渐扩大；在全球范围里，美国承担了不可推卸的巨大风险，尽管美国凭着金融秩序的建立霸权和金融产品的设计界定的老大地位，它占尽了各国的便宜。这些弊端在布什政府当道的八年里有了骇人的恶质化，已经成为美国人民强烈不满、力求变更的主要诉求，也成为民主党重返白宫、政策改弦更张的一张胜券。

在问鼎白宫的角逐里，能否把金融海啸的发作捂到十一月初的大选日之后，可说是共和党的最大心病。于是，布什及其幕僚一再讳言和掩饰金融系统的危象，而民主党人则不断在寻找最有利的时机将其捅穿，保证这一拳重击，共和党候选人被撂倒后再也无法爬起反扑。

这个时机在共和党全国大会结束后的九月初变得刻不容缓。借助佩琳作为副手的提名，全美的保守及基本教义派宗教势力得到整合而人气突增。当时麦凯恩—佩琳组合的民意支持率节节上升，反超奥巴马—拜登的民主党组合，加上深刻的族裔鸿沟带来的"肤色因素"，民主党问鼎白宫的竞逐顿时变得扑朔迷离起来，大有翻船的迹象。期待变革的民众和倾向民主党的媒体一时间忧心忡忡，不过候选人奥巴马却表现得惊人的笃定和雍容。

致命的反击程序随即启动。一连串组合拳，轻而易举地捅破了大泡沫，金融海啸也率先冲陷美国大陆。危如累卵的美国金融巨厦在AIG，全球最大的保险公司这块拱心石被抽掉后立马倾圮。办法很简单，降低它的一个小小的衍生品子公司（AIGFP，或称AIG金融产品公司。有关详情，可参阅《华盛顿邮报》2008年年底（12月29日至12月31日）的连载长文）的CDS（信贷违约掉期）产品的信用评级。惊恐慌乱之中，美国政府一反平素坚称的"美国经济在基本面上是健全的"口径，拼凑出救市方案，金额之巨大，必须央求国会批准后方能拨款。而由民主党控制的国会（再加上一向陶醉于市场万能的若干保守共和党议员），把救市方案给吊了几天，确切无误地坐实了布什政府误导误判经济的罪名之后，才放了行。美国的民意测验一再显示，三分之二的选民都把影响他们生计的经济成败认定为选举哪一方的决定性因素。相对地，认为在全世界招致天怨人怒的伊拉克战争影响其选举立场的美国人则不超过15%。因此，只要把经济崩陷的罪责钉在布什政权身上，共和党就只要让出白宫的份儿。事实上，到9月29日股市狂泻的那天，共和党再拖延下去的努力已经成为泡影！

　　至此，麦凯恩方寸大乱全无招架之功。9 月 17 日他还在嘴硬，宣称自己是"里根总统的一名小兵"，坚持"市场纪律的惩罚"，拒绝政府的救市措施。在几近语无伦次的状况下度过一两个星期之后，麦凯恩终于明白了大势，口径来了一百八十度的的转弯，帮助布什政府对国会施压，要求立即通过用纳税人的钱来接管大银行的前所未闻的巨型救市方案。然而到了 10 月中旬，麦凯恩得出了和所有冷静理智的政评分析一样的结论：他和共和党已经被缴了械，大选的败局已定。细心的读者可以按时间序列，排比一下美国在 2007 年以来尤其是去年 9 至 11 两个月的经济大事记和选情实录，不难得出相同的结论。

　　如果说金融海啸爆发的时刻可能受着政治和其他重大利益的影响，那么它本身能否依靠干预而消弭呢？不能。让我们下期接着讨论。

本次金融海啸为什么难以避免

　　这场金融危机的损失至为浩大，不但美国道·琼斯工业指数的年下挫了 34%，是三十年代大萧条以来最大的，纳指暴跌的幅度负 41%，是它有史以来的最严重的，全世界的股市价值也被腰斩，下跌了 48%，难怪人们纷纷查找罪因。诚如格林斯潘所检讨的，美国整个"智性大厦"已然崩塌，他显然同意以往主流的观念理论无力诠译时下的困境。

　　我们在上期的分析只说明了危机爆发的时刻，而非它的成因。被指责最多的，如华尔街的忽悠、格林斯潘长年的积极货币政策造成流动性浮滥、疏于监管导致风险意识颓废等等，都不足以解释。于是众口一致又指责起人性贪婪来，也过于牵强搪塞。人类的进取之心是经济发展甚至文明发煌的引擎，如果不加以约束规范，肯定会堕入贪婪，这可不是什么新鲜事。

本栏目显然不合适探讨繁琐理论而不冒犯读者，笔者只想介绍美国的一种非主流理论，帮助大家进一步了解金融体系的不稳定的本质，导致市场经济周期性波动的内在逻辑。美国经济学家明斯基 (Hyman Minsky) 对此早有鞭辟入里的分析和精准预测。人们熟知的投资家索罗斯所谓的"反射性理论"，其实也根源于明斯基的理论。(可参阅《索罗斯带你走出金融危机》，2009 年 1 月出版。)

明斯基教授是一个非主流意识形态的经济学家，他早年研读过马克思的相关理论，对当今的经济秩序也持批判态度。明斯基由衷地赞赏凯恩斯通过国家积极干预能在一定程度上抵御经济周期波动的理论，他撰写的《凯恩斯传》相当深刻，堪称经典之作。对明斯基的理论起决定性影响的则是著名的货币理论学者费雪。费雪对金融系统内的货币周转加速会造成人们的"钱财幻觉"，导致投机欲念炙热，有着深邃的洞察和鞭辟的分析。他对经济波动的分析和诠释，建立在"过度负债终将导致急剧的通货紧缩"这样一个核心概念的基础上。幻觉既然可以越来越膨胀（正反馈），就难保不越来越收缩（负反馈），这个道理被明斯基牢牢抓住了。

明斯基把对费雪的关键理解结合到凯恩斯的框架里，发展出自己的理论。他指明，资本主义的经济周期不仅仅是实体经济的毛病，更是金融系统的问题，事实上金融部门是资本主义经济体系中最不稳定的。从源头来讲这种不稳定性是内生的、无法根除的，而金融业的内在不稳定性必定会演化为金融危机，进而把整体经济拖垮。在商业周期的上升阶段，内在的不稳定性被经济增长的乐观期待所掩盖。人们在风险行为屡屡得逞的刺激下，不断拔高举债杠杆率，而信用的扩张也提供了额外支付手段。经营不断冒进，交易不断扩张，扩张到非借新债难还旧债利息的地步。在市场上的表现，则是资产价格节节上扬，泡沫化加剧。但是，经济一旦步入停滞甚至下降期，累积起来的矛盾便迅速被激化，到了某个临界点，盛宴便会嘎然垮台。当投资者的资产所产生的现金流不足以偿付债务，不但本金，连当期的利息都无法偿付时，投机性资产的损失恐惧会迫使放贷者急速收回贷款，流动性顿告枯竭。清偿债务的压力迫使债务人大幅降价求售资产，不管是投机性的还是生产性的资产，导致资产价格的整体崩溃。此时违约背信的行为泛滥，信心丧失殆尽，而恐慌和猜忌的情绪也到处弥漫。

有人把这种资产价值急速减缩的恶性爆发称之为"明斯基拐点"(Minsky Moment)。从 2008 年前的流动性浮滥到眼下流动性的霎时间枯竭，华尔街这场危机充分验证了明斯基时刻的爆发。明斯基的理论相当好地解析了当今经济体系的深层逻辑，他对市场经济运行的深刻洞察和对经济周期的诠释和预测，应该有资格获得诺贝尔经济学奖。可惜的是，明斯基已于 1996 年死于癌症。

明斯基的名著，1986 年出版的《如何稳定不稳定的经济秩序》(Stabilizing an Unstable Economy) 对金融系统内在的不稳定带来的经济周期震荡的动态过程有很好的刻画。他把整个过程称为资本主义经济从一个由"对冲保值项目"占主导地位的融资结构逐渐演变成为日益充斥"投机项目"和"庞滋项目"的融资结构"。他对三个阶段——"对冲保值融资"(hedge finance)、"投机融资"(speculative finance) 和"庞滋融资"(Ponzi finance)——的划分和描述相当精彩。在"对冲保值阶段"，主要的融资对象是通过正常经营能产生足够的现金流来按期偿还债务的利息和本金的企业及项目。此时金融服务是必要而积极的一环，在配置资源和调解风险等方面有其正当和健康的贡献；然而到了"投机阶段"，融资的方向逐渐偏向投机性的企业和项目，它们的经营所产生的现金流仅够付息但未必有能力按期偿还本金，需要不断借新还旧的债务滚动才能维持；当融资继续扩张到了"庞滋阶段"，主要投向高杠杆高风险的企业和项目，它们的经营所产生的现金流连付息都有困难，唯有依赖不断举新债才能应付旧息的支付。在外界还相信债务人的资本亏空只是暂时性的，尚能得过且过，还能寄希望于未来会朝良性好转时，债务危机还不至于立即暴发。在投机性和庞滋型融资充斥的阶段，也就是当企业的债务即高杠杆率的借贷资本，越来越难以用经营的利润来偿付的时候，危机已然四伏，"明斯基拐点"随时会降临。

人们或许以为，庞滋型融资（俗称"非法集资"、"老鼠会"）只是一百年前发生过的历史陈迹，只在监管不到位的欠发达国家才会发生，那是天大的自欺。按照明斯基的理论，像麦道夫 500 多亿的大骗局，许多江湖高手都折戟其中的那种，将来还一定会——虽然是在新名目下以新面目——在美国发生。

明斯基生前被主流经济学派所排拒，饱受杯葛，尽管他在哈佛和芝加哥大学的同窗很多已显山露水，但他的理论却一直受着压制。毕竟，明斯基理论附带揭示出了资本家们的赚钱博弈的不正当和荒谬性，导致他们在良知上不能怡然自得。不过，他也有些弟子，坚持传播他的学说，按他开创的方向深入研究。MIT 的名教授金德尔伯格，对经济周期波动和人类投机行为的历史素有研究，他就赞扬明斯基的模型"有效地说明了经济与金融发展的历史"，认为明斯基的金融不稳定理论，充分描绘了外部冲击、信用扩张、过度负债、资产泡沫化、市场骤然逆转、信用霎时枯竭以及通货急剧紧缩等金融危机的基本模式，揭示了现代市场经济的关键内涵。

至于业界，识货的人也还颇有人在。像太平洋投资管理公司（PIMCO）的格罗斯（Bill Gross）及其同事就非常倚重明斯基的学说。但他们的着眼点是找准时机来进行逆势操作：在大众贪婪时放空，而在大众恐惧之际吃进，借用明斯基的"第三只眼"来判断"明斯基拐点"的到来，以便进行投资大博弈攫取大收益。

明斯基拐点出现后如何收场？金德尔伯格在《金融危机史》里说，政府如果不关闭市场限制交易的话，那么就只能由中央银行强行注入流动性，力挺大金融机构，为信贷市场解冻，缓解人们的资金需求。至于能否重建市场信心，则要看民众能否缓过劲来，重新试图购买流动性较差的资产，相信它们的价格已经跌到不能再低了。

"金融创新"和监管的关系：风险为何非得失控才能被认识

20世纪四五十年代美国有一个银行大盗名叫维力·萨顿，抢劫银行屡屡得手并一再越狱成功。不过最令其名垂青史的，还是他的一句话——当记者问他为什么要抢银行，他回答："因为钱在那里！"你要是想知道"为什么金融界这次捅了大漏子？"诺贝尔经济学奖得主的解释都未必令你满意。萨顿式的直截了当可能更富于启示，钱的确在华尔街。不但美国人的钱，全世界的钱，包括中国打工妹们辛劳积累的钱，都在那里。

金融这个行当，美国最具有竞争优势，几乎所有的金融创新都来自美国，举世罕有其匹。有几个数字，或许能帮助我们了解：2006年金融服务业的产值占了美国GDP的几乎四分之一，金融服务业的利润则占了美国所有企业利润总额的44%（美国制造业的利润仅为10%左右）；美国人的金融债务在1980年为GDP的21%，到2007年则是GDP的116%。

难怪每当有人提出疑问，要求检讨美国金融创新的风险效应，风险到底是在积累还是被调解对冲掉了，就遭到封杀。格林斯潘有句评断经常被人引用——"对专业人士私下安排的金融衍生品的交易活动进行监管全无必要，这类监管只会阻碍放大（enlarge）生活水平的市场效率"，一举道出了美国的核心比较利益所在。通过提供高端金融服务，替全世界理财，美国人的消费水平得以放大到空前的高水平，而一小部分美国人的财富也得以迅猛积聚。靠虚幻的财富效应放大的消费在中国人看来不可思议，但在美国却已成了常态和趋势。其结果是，美国居民的积蓄水平，直接的间接的加在一起，从 1986 年的 10% 下坠到 2006 年的负值；二战期间他们的储蓄率曾高达 25%，同中国人目前的水平相近。

靠经常项目和资本项目同时入超的巨额借贷来维持的生活水平，如果发生在别国，恐怕早就难以为继。冰岛就是个恶例，发疯似地寅吃卯粮，每个国民欠下的外债相当于其五年的 GDP；如果本币继续贬值的话，债负还将倍增，整个国家被推到了万劫不复的地步。然而对美国，这样的事不太可能发生，因为它是世界的央行、发钞和清算机构，美元是这个星球上几乎惟一的计值、储值、支付手段。同时美国又是世界金融秩序的规制者和执行人。美国的债务绝大多半以美元计量，要陷于冰岛式的困境，美元必先重挫，美国的债务在清偿前就能得到消解。加上美国在金融服务的运营、产品设计、人才方面的优势无人可望其项背，也支撑着它在金融市场的话语霸权。受着不对称的利益／风险成本的驱动，美国上下一致，尽力把它的优势用足，发挥到淋漓尽致。不比制造业等其他领域里，美国的优势事实上早已尽失。

所以从利益博弈的角度，格林斯潘以世界金融沙皇的地位替美国谋求利益，的确是赚到了。在理想的全球化格局中，华尔街是金融中枢，分配着全球的金融资源，中国等"边陲地区"的资金，不管怎样得来，都将由华尔街来估值、定价、组合、配售。这令人想起约瑟夫·斯大林的一句"名言"，在讥讽民主选举体制时他说，"谁来投票并不重要，关键的是谁来计票"。套用老约的逻辑，这个世界上谁来生产物品，价值怎样生成并不重要，关键的是由谁来数钱，谁来定价，谁来分配收益！结果之一，中国面临的状况可谓相当困窘：过去三十年来的出口积蓄多半以美元储放在美国，所值几何？还得由美国人说了算。

现在来考察一下导致金融海啸的"创新活动"和监管的关系。篇幅所限，我们先集中讨论它们和银行监管的国际新规定"巴塞尔协议Ⅱ"的关系。尽管原因很复杂，但要能抓住其特征，牢牢抓住"金融杠杆率"是个关键，你就容易出入迷宫了。

格林斯潘向以说话含混而闻名，不过他的用词却很精当，上文引用他的话里用的"放大"，而没用增加、增强、提高等词，是恰如其分的。怎样提高"市场效率"来"放大"生活水平，像放大照片一般？靠的是放大"金融杠杆率"。对冲基金等经营衍生产品的法人机构，一元钱的自有资本要对付一百甚至两百元的资产，杠杆率为1比100或1比200；投资银行一般来说的杠杆率是1比30，但在CDO（债务抵押债券）的业务上，往往高达1比60。（国内前一阵子为了严格规范经营降低风险，三申五令地要求房地产开发商的自有资本率不得低于30%，杠杆率相当于1比3.3；尽管现实中的房地产开发商的杠杆率常在1比10左右。）那么受着高度监管的商业银行的自有资本又该是多少呢？即行话里所谓的"监管资本充足率"，至少要在8%。也就是，按规定充分计提风险准备金，一块钱的资本金，能放出12元半的风险权重为100%的贷款。换句话说，银行的杠杆率为1比12.5，不足投资银行的2.5分之一，衍生品基金的八分之一。

对银行资本充足率的规制从何而来？是业界痛苦教训的结果。20世纪80年代，日本银行业趁着制造业的兴盛也四出扩张，以超低的利率、超高的杠杆率大举侵削美国的信贷市场，当时全球十大银行的前几名都是日商，花旗银行只是勉强垫底。美国银行穷于应付，提出两条策略：(1)放弃审慎经营，提高杠杆率来竞争；(2)制定国际博弈规则，限制最低的资本充足要求。对于策略一，当时不少美国大银行家提出了3%的自有资本就足以对抗风险的理论。助长"空手套白狼"的策略，导致

80 年代中期美国储贷结构的大崩盘。联邦政府最终花了五千亿美金才埋了单。于是就有了策略二的结果，以总行在瑞士巴塞尔的国际清算银行的名义，规定"国际业务活跃的商业银行"的自有资本，相对其所承担的风险曝露，至少得维持在 8% 的水平。此举约束了日本等银行咄咄逼人的进取，也平坦了国际间商业银行的竞争场地。

那么，为何不是 10% 或是 6% 呢？除了风险管控的经验，主要还是为了兼顾效益，即维持一定水平的资本回报率（ROE）。简单地说，假如银行的信贷资产回报率（ROA）是 1% 的话，那么在满足 8% 的资本充足率的监管要求下，银行的 ROE 就是 12.5%，因为杠杆率是 1 比 12.5；而在资本充足率是 10% 或 6% 时，ROE 就分别为 10% 或 16.67%。银行的股东当然期盼更高的 ROE，要是潜在的破产风险不变的话。于是华尔街搞出了一系列的创新产品来提升杠杆率，旨在使股东和潜在的投资人相信，新的信贷风险由此得到了调解和分散，并不会随着杠杆率的提高而积累加剧。商业银行看到投资银行和"避险基金"的同行以超高的杠杆率赚得盆满钵满，眼红得不行，便施出种种解数跟进，只要表面上不直接违法就成。事实上，被巴菲特一再称为"金融大规模杀伤性武器"中杀伤力最剧烈的 CDS（信贷违约掉期产品）在业界的昵称是"巴塞尔新协议友善保险"（BASEL friendly products）。通常银行替自己的信贷资产买了 CDS，其风险权重甚至可以从 100% 下降到 20%。这样 ROA 不变，银行的 ROE 却可以跃升五倍。换言之，银行的杠杆率实际上可以高达 1 比 67.5，而资本充足率就能降低至 1.6%！

虽说更新"巴塞尔协议"的初衷，主要是为了揭示用衍生品等各种做法移出财会报表的表外风险，把它们一并计入银行所冒的风险总量，但这个目标被"创新产品"巧妙地架空。发达国家的，尤其是美、英的大银行，报表上所说的 12% 以上的监管资本充足率，很可能是在风险加权资产这个分母大幅缩水后才得到的。也就是说，花了十几年的协调周折而成的"巴塞尔协议Ⅱ",各国言之凿凿承诺要遵守的,并没能得到切实执行。通过风险资产的"证券化",以及派生的各类金融衍生品,洞开了"后门"。银行的杠杆率实际上越来越高,而证券化资产打包出售后银行不得不保留在手的低等级信贷资产的违约风险却越来越大。

为了在形式上做到合规合法,美国的金融业推出了许多新做法,包括风险测评的新模型,搞得非常复杂,即使专家都会堕入五里雾中。在没有监管的约束下,由美国发起的金融资产的放大效应有多大?据估计,金融产品交易的合约总额有530万亿美元之多。(其中CDS超过60万亿,即相当于美国五年的GDP!)它们所赖以发起的担保品——物理的金融资产的实际价值恐怕不过2.7万亿。其间的关系就象一组"俄罗斯套娃",实际的核心是个小娃娃,却吹出层层的泡沫,每一层都被数了一边钱,刮掉一层利润,再让下一层投资者接手,直到最外的大套娃,竟然吹胖了200倍!

令人浩叹的是,金融海啸冲荡之下,被损毁的价值肯定不止最里面那个小娃娃的2.7万亿了。明斯基拐点之后,将大规模地"去杠杆化","瘦身"的过程非常痛苦。实体经济的正常进程无法维持,千百万无辜的人,包括被裁失业者,都备受牵连。

政府对金融系统监管难在哪里

自2008年10月中以来,各国突击救市的大手笔可以说是史无前例:至11月下旬,几个大国所承诺的金额已经高达2.6万亿美元。其中英国的4500亿占了它的GDP的21%,瑞士的660亿占其GDP的15%,俄罗斯的2090亿则占其GDP的12%,连韩国的680亿和印度的410亿也占了各自GDP的9%和5%。中国的银行业虽说是在"防火墙"内,幸未受到直接冲击，但对随之要来的波及也有充分预期，5860 亿已占了我国 GDP 的 16%，这还没算上地方政府和民间将为之配套的三至四倍的资金投入。美国国会正处辩论中的 8200 亿救市方案还没有包括在内，它的第一波投入可能得两万亿，将占到 GDP 的 15%（例如，单要避免 AIG 一家公司破产，就得耗费纳税人 1800 亿美金）。除此之外，大国们对信贷的担保承诺估计还得再要 2.7 万亿来撇坏账。例如，日本救市的 680 亿美元虽然只占 GDP 的 1%，但它的信贷担保第一期就有 3220 亿，高出将近五倍！而这些数字，随着整个经济的风险暗礁，还将不断暴露。处理得不好，这些亏损酿成大规模的社会动荡和蔓延的政局危机的可能不是没有。（其中冰岛、AIG、麦道夫等破产案例堪称经典，特别值得跟踪观察，为后人借取教益。）

其实更可怕的是，海量投机和实质诈欺酿成的这场金融海啸也重创了人们对金融交易的信任。现代经济活动得以发展到今日的水平，金融中介的贡献非常伟大；同时它又异常脆弱，必须在设计周详执行严密的市场秩序里才能够运营。试想，一个人能把积蓄——自己汗水和心血的结晶——交由远在天边的陌生人去经营，而他 / 她一般就连自己的父母、兄弟、子女都不愿借钱的，这类信赖需要市场多少年的良性证明才积累得起来？斫伤人际信赖的不可估量的损失，市场流动性和银行间拆借的顷刻枯竭只是其表徵之一。因此，各国政府对诚信的金融市场环境都极为关切，而救急的第一步，无例外的是倾巨资极力维持银行、保险公司等金融企业的信誉，注入流动性、恢复公众对它们的信心。

遭此超级浩劫，各国政府均立即扬弃"华盛顿共识"。"华盛顿共识"宣称市场根本无需管束，自会把在其中竞逐的各方规范的得好好的。尤其是金融资本，在全球畅行流通无阻，效率自然会臻于最优，各国将无往不利。"政府越小越好"的信念，盛行了三十年，看来不得不谢幕了。"小政府"理念的实质，其实不在于政府的规模，而在于主张政府在市场监管方面的职能和力度越少越好。里根以及美国的历届政府，如果以政府的雇员和政府开支占 GDP 的份额这两个关键指标来衡量的话，从来就没有缩小过。那么这种价值观是怎样崛起，广为奉行了整整一个时代的呢？从执世界牛耳的美国的角度，未免太正常了：美国掌控和调度资本的能力是举世无双的，金融资本若能略无阻滞地冲荡，美国及西方发达国家依仗资金和组织的优势，其竞取力是整个世界沛然莫之能御的。

所幸的是，中国在全球化的进程中获益极丰。我们过去困于闭关自守和中央集权，以计划经济的名义扼杀了国民的生机，缺的是资金、技术、和驱动力，多的是无从发挥的劳动力。资本在国际间流通的要求，帮助中国搞活了金融，进而一步活、全盘活，资本和劳力两者结合起来，从物理到观念，使得中华民族的生产创造力得以复苏。

这种互补关系，以美中两国为典型代表，繁荣了全球的经济。里根当政不久的 1982 年，笔者就到了美国留学。当时赴美的机票单程约 1500 美元，在美国一件衬衣卖 15 美元，而我的博士助研补贴每月是 450 美元；三十年后的今天，一个博士生的月补贴超过了 1800 美元，北京—洛杉矶的来回机票却降到了 750 美元，而衬衣的价格仍旧是 15 美元一件。航空业被松绑，中国成了世界的生产基地，都是其中的原因。可见"华盛顿共识"的贡献并不能够全然抹杀。然而，凡事过犹不及。当一种价值观念推之极端，如"政府监管越少越好"之类，甚至成为不容置辩的信仰，成为神圣化的"臆缔牢结"，就适足走向其反面。历史上中国人，吃够了这种亏，直至三十年前的开放。

摆脱"华盛顿共识"后，将何去何从？事实上，世界如何重新审视金融体系，来进行"明达的"（smart）监管，同它们能否真正摆脱"华盛顿共识"的束缚是一回事，然而要真正摆脱错误信念的纠缠，其实是相当困难的。第一次世界大战后，法国的克里蒙梭，著名的"老虎总理"，曾有名言"战争是如此的重要，我们不能把它交给将军们来左右"。各国人民吃了大亏后，显然也这样认为，"金融是如此的重要，我们不能把它交给金融家们来左右"。公权力的介入，事实上已是势在必行。不过从历史的教训大家知道的很清楚，"政府是个超级官僚机构，市场必受其拖累"，由里根—撒切尔命名的这个"市场放任"的主流价值，正是因为当时政府干预的凯恩斯疗法不奏效才风生水起的。

2009 年是中国开放改革来第三十个年头，如果能有用一个词来概括这个伟大实践的话，或许就是"去意识形态化"。睿智的邓小平开创的"与时俱进地干"和"不讨论"的格局，使中国的现代化收益莫大。基于经验的认知，同时囿于篇幅，我们这里仅就下述四个方面对重设监管体系提出简略的看法。

1. 回归常识。其价值对于我们中国人，无论从反面还是正面的，都是记忆犹新。三十年的开放经验教训，一言以蔽之，就是"去意识形态化"。市场过程就其本质，就是交易各方通过"试错"来相互发现，所谓"均衡"，只在过程中才能把握。邓小平的"摸着石头过河"，对此有点睛之妙。故而，认为自己掌握着什么"规律"，或以为世界必朝着自己认定的方向"收敛"，就像用"越是 A，就越是 B……"之类的表述，有害于经济学（和其他社会学科）的探索。狂热的意识形态更是自杀性的。

2. 人类必须寻求经济活动的价值目标，仅从"效率"不可能推导出值得社会追求的目标。但把价值取向一分为二，极端化成"臆缔牢结"，却是许多错乱的根源。故而，在摒弃"华盛顿共识"的市场神圣论时，要切忌"政府监管有效论"甚至万能，否则会遁入另一类魔道。正如"市场试错"需要随时认错妥协，需要灵活变通和制衡，社会价值目标的确定也是在过程中才能理解准确。切记需要强调和尊重多元。把决策放在"非此即彼，黑白判明"和"嫉恶如仇"的基础上，无异把自己套进疯人的紧身衣里。

3. 以开放的心态来考量监管的"度"，尽可能做到"明达的"监管。金融的创新原本是非常可取的，通过调解风险、匹配余缺、沟通信息、鼓励进取、减低疑虑等等，它们扩展了实体经济活动的规模和活力。金融活动又是建筑在社会信任上的，精巧而又脆弱，审慎经营是其不二法门，靠营造一些新型的风险模型玩意儿，并不能改变它脆弱的本质。马克·吐温曾告诫说，真正有害的不是我们不知道的东西，而是自以为明白但其实谬误的东西。通过证券化，虽然获得了一些手段来控制不确定性，但由于疏远了信贷双方的联系，中介人又没有亏损的硬约束，风险在另一端积累，但却被有意无意地偏忽。结果是，新得到风险管控的那部分效果被无限夸大，成为提高杠杆率的借口，风险反而被成倍累积。故而，综合检讨创新工具的风险效果很有必要。（希望以后能有机会来讲解这方面的做法。）眼下的金融系统的确就像弗洛伊德曾多次喻证的马。德国的一个农夫发现自己的马多驮一些牧草不会抱怨，少喂它一些饲料也没见它反抗，于是他就不断地给马减料并一再加载牧草。终于有一天，马突然倒毙，还是一声不吭。如果我们的金融创新产品，资本金越减越少而风险越扛越重的话，比起德国农夫实在也高明不了多少。

4. 比马克·吐温所说的更危险的，恐怕是在利益的驱策下，刻意用自迷迷人来逃避监管和误导客户的行为，这是监管者最该针对，并直接下功夫的所在。过去的经验证实了，一方面，市场未必能够自我纠错；另一方面，政府的监管法规也常遭到悬空。上期我们讨论了新巴塞尔协议被轻易绕过，反而助长了金融周期的波动性（pro-cyclicality）。美国的萨班斯法案，花了大价钱，前两年才通过执行的，在本次危机形成中有没有起到积极作用，颇成怀疑。譬如，萨班斯法所致力的咨询顾问和审计人的角色隔离，对于各类金融衍生债券的债信评级机构的约束如何，怎样避免或惩罚发行人和评级人的串谋，都非常值得追问。故而，检核监管措施能否有收效的关键，必须分析其中相关各方的利益是否有效得到制衡？利益设计得不对称，或无法制衡，必然导致信息的不对称，行为的扭曲和荒唐的结局，这是监管活动不得不特别加以认真重视的。

上帝有几只手

亚当·斯密以来，经济运作的市场协调被比作"上帝看不见的手"，早已是家喻户晓；而各国正在推行的救市措施，以政府之力来救治市场的崩陷，在许多人眼里，则是只"上帝看得见的手"。上帝只有一只手，必要时就会露出"峥嵘"呢，还是，原本就有几只手？

细瞧之下"看得见的手"还不止一只。拿美国来看，新近通过的第一期近 8000 亿的经济刺激方案，由财政部来主导，旨在提振社会各方面的支出，属于"需求和消费管理"范畴；而前此投入的近万亿的开支，由美联储来主导，旨在注入流动性，挽回枯竭的交易信用和信心，则属于"货币和信贷管理"范畴。前者是典型的"凯恩斯干预"，"罗斯福新政"时期为了扭转凯恩斯总结出的消费和投资总体不足的"陷阱"开始贯彻的，而后者是为了补救"明斯基拐点"（基于费雪的资产泡沫破灭后的通缩理论，请见前文的介绍）后才紧急实施的。明斯基对凯恩斯理论作了推广，指明金融系统的大规模震荡同市场经济与生俱来。中央银行因此不可避免要进行强有力的干预，来解冻"冰封的"信贷，但毕竟和"需求管理"不同。可以说它们是两只看得见的手。

有兴趣的读者不妨参阅日本野村证券首席经济学家辜朝明新近出版的《大衰退——如何在金融危机中幸存和发展》，其中提出的见解相当务实，超脱了饱受意识形态蒙蔽的经济学主流理论的习见。辜认为，前者只是在经济周期的"阴"的阶段奏效，而后者仅在经济周期的"阳"

的阶段管用。

更进一步，我们发觉能够观察或体会到的手还有多只。其实，几乎每个利益集团，甚至每个人的心中，都有各自的手。关键是，谁的手才算上帝的手？和自顾自的个人偏爱不同，所有人的经济活动都被裹卷在市场里面，他们的利益都得靠市场认定并得到分配的。要是能由我心中的手来为市场数钱、替众人分钱该有多好？于是，每个人都会渴望把自己的手神圣化为"上帝之手"来"替天行道"。问题因而更应当这样来问：how many hands do gods have?（"上帝到底有几只手？"请注意上帝和手都是复数，对于汉语用者有必要多此一举。）

人们是抱团结群来竞争上帝的名分的。在历史上依仗的多半是武力征服，赢家通吃，往往可以持续一个世代或者一个朝代；在现代文明社会，演化为民选，哪伙人能够组织政府，那么他们的手就变相成为"上帝之手"，虽然未必能绝对通吃，总得做些妥协和分享，时间也短暂了些。随着奥巴马和民主党人的当选，他们心中的手，将在美国乃至世界，越来越"看得见"。这就是我们已经讲了几次的，里根—撒切尔的"市场无误"和"政府的管束越少越好"的主流价值横行世界凡三十年后，行将谢幕的依据。从美国经济刺激方案通过时两党泾渭分明的投票记录，人们不难明白这种分野：众议院赞成救市方案的 246 票，全部来自民主党，反对的 183 票中有 176 票来自共和党。在参议院赞成方案的 60 票里面，刚过多数的最低限，共和党的仅占其中 3 票，而反对的 38 票全部由共和党人投下的。

间接地这说明了政府监管的复杂性，事实上也道出了经济学科的复杂性。经济活动，**以物品及其效用的生产和分配为旨归，是多元参与的人类最主要的博弈**。经济学是其中相关利益如何分配才能更有利于经济活动扩展的学说，它不是一门科学，同精准科学如物理、化学等相去遥远。就科学的严格要求而言，它比考古、人类等学科还要低一个层次。我这种观点丝毫无意贬低经济研究活动，不然我们怎么理解在人类文明历史的漫漫夜空里，闪烁着的寥寥那几颗星星，为什么独多文豪和军头？

我们不妨比较"效率"在经济学和工程学里的不同含义来帮助理解。在工程学里，效率之能被精准度量，是因为它独立于"人的元素"之外；而经济学的关注点恰恰在考虑利益在参与者之间的分配。从"效率"的"效果性"（effectiveness，即在达成目标的基础上谈投入产出的比率才有意义）来看，经济学里充满着工程上"有效"而经济上"不可取"的事实。这种状况类似"军事科学"：靠工程学制造出的精湛武器，杀人"最有效"，却常常是对人类最不可取的效率。工程学，及作为其基础的物理、化学、生命科学等形成的工具，尽管极大地增强了人类的能力、便利和福祉，毕竟只产生工具而已。工具对人类社会的价值到底怎样？得靠其他的人类知性活动，来把"是什么"（being）"转换"为"该是什么"（ought to be）。经济学对这种关键的（价值）转换有着伟大的贡献。

这里权且把经济学称为"价值型"学问，把精准科学称作"工具型"学问。探询"工具型"学问的最大便利在于它们的纯粹，这些领域是由"一个上帝的一只手"来掌控的，人们只要不断进取探索、评析、检讨、积累，就能充分逼近它们的目标，臻于更完美的境界。对于"价值型"学问，这些都得不到成立，"多个上帝的多只手"永远不可能归并为单一的手。究其根本，经济学是一门关于"人和人博弈"的学问，类似于足球赛或围棋对局。要是不明白这层道理，学人就可能在自然科学辉煌成就的诱惑下，想通过制造一些工具来"证明"自己向往的经济利益分配政策的合理性，并"证伪"其他政策的不合理来加以排斥。原因之一，就是经济学的主旨是研究人际博弈，不像数学，能在自圆其说的公理系统里得到逻辑上的自证。许多分析模型，为了得出预设的结论，削头适冠地引入不切实际的假设前提和约束条件，而把想要证明的结论在解集里先给舍象掉了，结果自然不能对利益分配的政策有所指导。因为它们出发要证明的，已经被裁剪成了"空问题"和"伪问题"。

所以说，执意要把价值型学问"降格"为工具性学问，不但很不值得，还引起更多的误解和谬误。下面我们试着用常识来解析一下所谓的"金融市场有效理论"，以及建筑其上的"自我均衡、自我纠错的市场纪律"的偏误。

在一般（最终）消费品市场，供方和需方的个数足够多和分散的话，价格作为供需双方的惟一指引来达到均衡，大致还符合实情。即使有波动和失衡，也不致背离太过。因为供应和消费需求的决定是相互独立做成的，无论供方还是需方在各自内部的联合行动也不明显。同样的关系却不能推广到金融产品市场，比如在股票市场，那里追涨杀跌是可以普遍观察到的行为：股价上扬反而激起购买的胃口，而股票下跌也不能令供应量减少。在二级市场上交易的供需双方非但不相互独立，常常就是同一个投资主体，纯粹是为卖而买或卖了再买，在买进和卖出蹦来蹦去是转眼间的事。证券是中间产品，为了追逐预期中的回报，人们偏在股价上涨时买入、在下跌时卖出。更有甚者，投资大众的行为明显地相互攀比进而联动，个体不但不能独立做成决策，简直就是一窝蜂的鼬鼠。股票价格不再倾向于使供需重返均衡，是再明白不过的。

金融不稳定的"小祸害"之所以没有经常发生，和央行有意识地频频干预分不开。央行代替市场来维持"秩序"，通常把股市和金融资产价格的飞扬视同正常现象而不加以管束，却把股价重挫看做"不可接受的"。在熊市时，央行或其他政府机构经常出手为市场打气，下调利率或营造信用和景气，等等。但是政府维持市场秩序至多不过是个"半吊子"而已，到了牛市，正激荡反馈没有得到平抑，投机在鼓励中反被加剧，泡沫在蔓延。但是风险积累达到超负荷时，以前的纵容就会得到加倍的报应，正激荡反馈此刻会掉头，以加大的力度向下急速螺旋。金融资产急剧贬值，信贷和信心剧烈萎缩，结果就是所谓的"明斯基拐点"。

也就是说，金融市场的自我均衡同样是难以达到的。

市场纪律也难以落实它的"自我纠错"功能。格林斯潘声称的"成人的金融交易不必管束"，那些"成人们"在明斯基拐点爆发时会不会罪有应得，挨到"市场纪律"的板子？且不说精明强干的、推波助澜的、浑水摸鱼的和趁火打劫的可能早就卷款脱逃。即使没来得及逃顶，他们也不像威利·萨顿那样，可以被捉拿入狱。被套牢的"成人"多半却是烫手山芋被传到手里的那些投资鼬鼠，以及更要命的，是被殃及的大众。官员们要是敢袖手爱莫能救，让市场来狠加惩罚他们的话，那政府就得垮台。换言之，要让市场的惩罚机制在事后来施展它的利剑利齿，在现代社会是完全不切实际的。

例如，在 19 世纪中叶的英国，"市场纪律"的发源地，就曾经上演过大规模的"市场惩罚"。当时的爱尔兰被英格兰征服，良田尽被英格兰的移民占去，当地人只能蜷缩在山坡的瘠地种植土豆为生。密集种植同类根茎食物，引发了大面积的土豆坏死病。饥馑蔓延下，三分之一的爱尔兰人饿死，三分之一飘泊到北美洲。当时伦敦的市场主义的经济学家跳出来反对救济，理由很堂正："让市场来执行纪律。"他们主张，爱尔兰人既然是没有生产力的孱弱者，无法自救，就活该被"上帝的手"看不见地淘汰！提起这段历史，爱尔兰后裔没有不耿耿于怀的。别说现在的英国无法重复这类市场惩罚，任何现代国家，无论发达与否，都不敢再让"市场"来执行它的"法则"！就算你有势力让"你的上帝之手"来进行惩罚，其他人的"上帝"也必会用脚来踹你。

事实上即便在当时，饥馑如果是发生在英格兰，那些"自由经济学家"就未必敢如此"彻底的自由"。也许在他们的心里，爱尔兰人是"贱民"，既然"上帝"令其战败，他们同样也该遭到"上帝的手"抛弃。一百多年以后，这类情节在亚洲又几乎重演了一把。1997 年的亚洲金融风暴刮起，泰国、韩国、印尼等国顷刻之间风雨飘摇，几乎是民不聊生。三国的财政亏损和外债分别为本国 GDP 的（35%，66%）、（30%，28%）和（55%，44%）。当时的发达国家，包括 IMF 的专家们，以"华盛顿共识"相标榜，硬是主张实行"市场规则"，敦促这些国家继续服从"上帝看不见的手"。当中国香港为了狙击金融大鲨的来袭，被迫起而应战时，也遭到西方"自由市场经济学家"们的剧烈批评，指责"违背了市场法则"，云云。然而没过多久，美国的对冲基金 LTCM 崩盘，亏损不过区区 30 亿，和亚洲诸国的灾祸根本无法同日而语，却立即得到美国政府的斡旋救助。也许，"市场原教旨论者"心中的上帝，是不屑于眷顾"亚洲贱民"的。

尽管"市场原教旨主义"的理论与历史事实大幅度相左，其政策也一再失验，却能强韧而拒绝被证伪，表明了经济学的确是缺乏"科学性"的。各种经济学说，代表着各个上帝的各种手，原本就没有"真理"和"谬误"的绝对对立。针对经济活动的市场机制，甚至在最基本的假定前提，至今还在各派经济学大师之间争论不休。例如，2009 年 1 月初在旧金山的美国经济学年会上，在"世界经济的走向"论题上，顶级大师们，包括五位诺贝尔经济学奖获得者，对危机的成因、影响及对策的见解，从诊断到药方，竟是如此南辕北辙。这在物理、化学、数学、生命科学等领域，是不能想象的。

总之，想用科学证明的方法在经济学说中得出惟一"正确"的真理是不可行的。该问的问题是，哪几种学说在现时的条件下比较"有用"？而它的答案就像讨论足球赛的阵式时，4-2-4 还是 4-3-3，哪个更管用一样。经济理论（以及各类价值型学问）的效用往往和它们的"纯洁性"，更和它们的"排他性"成反比。正是在这个基础上，它们可以形成不冲突的组合，如同医治艾滋病的"鸡尾酒疗法"那样，来应付金融海啸、经济危机和监管有效等的难题。

说了一通，还是让我们回到本系列的主旨。金融海啸后，以美国为首的"上帝之手"的权威信誉严重受挫，同时也带来了契机。中国人能否挣回一点世界经济秩序和金融博弈规则制定上的话语权？这是我们下面要讨论的主题。

美国还能继续一手遮天吗

"每个人为自己，每个政府为自己的国家。"

"欠你一百元，问题在我；欠你一百万元，问题在你；欠你一百亿元，问题在双方。"

"不能永久持续的东西就不会永久持续下去，但能不能长久持续，该不该长久持续？"

上面三句引语，都是前贤说了多次的话，我们略作加工而已。第一句是常识，却常被人搅浑，特别是在"全球化开放"的今天。我们在前几则中所谈的，不外乎重提常识而已。第二句话是目前困境的写照，一边是美国人不遗余力地透支消费，巨额积欠，另一边是中国为主的新兴经济体不遗余力地生产出口，巨额积存。由穷国常年资助富国消费，已是匪夷所思，演变成目前的巨大规模——中国外汇存底仅美元就超过2万亿，绝大半存放在美国，更是举世困惑。真要换回人民币时，可以预计，它们会大幅缩水，因为我们贷出的美元，是借方美国可以依法印制的纸币。这个状况令双方都很头痛，难以长久持续，即便能够，又怎么划得来？

第三句话正在追问当今世界现状的诡异。超高的金融杠杆率之外，三十年来的"全球化"的背景，这是金融海啸发生的第二个关键特征。这里借用 T. 弗里德曼的《世界是平的》来解释一下。当大家忙着讨论弗里德曼能不能使人们信服世界变得更公平了一些时，忘了该书的核心意思其实是：作者自己的孩子能否在新格局下保持他们的竞争优势？简言之，美国人能否继续在全世界的市场上赚得最多？当弗里德曼看到班加罗尔（印度的硅谷）人潮汹涌的上班族，数以百万计的年轻人，同样智慧，受到正在改进的训练，然而更勤奋、更富激情和雄心、更愿意付出、更摩拳擦掌去竞取一杯羹，来迅速改善境遇时，他的担忧是再自然不过的。在现实竞逐中，有谁会只谈论理念而不把实利放在首位？

别说美国人的下一代不会去务农，农活他们肯定不是墨西哥移民的对手；他们也不再能在制造业混得一口好饭，凭什么装配同样一部汽车，美国工厂的蓝领的薪酬要比在美国设厂的日本公司的美国蓝领要高出 30%，比日本的汽车蓝领高出 60%，更比设在上海的美国汽车公司的蓝领高出 6 倍？面对在产能全球化整合的新格局带来的新难题，不要说弗里德曼只能虚与委蛇，各国的政策制定者又有何招数？我们前几次说到在金融服务领域，美国享尽了天时、地利、人和的优势，在为世界数钱分钱时尽量多吃多占，这又能持续多久？这场疯狂的盛宴看来迟早得散。

话说回来，三十年来开放的国际环境，对中国人却正是适逢其时。综观中国的雄起，主要有三个方面的驱动力：（1）极为勤俭的民众：受着体制的压抑无从施展，一旦松绑，必将把潜能淋漓尽致地发挥成物质生产力；这个"奇尼"（Gene）被放出"魔瓶"后，得到了（2）国内有序而稳定的环境很好的配合。人们改善生活际遇的努力在其中得到了正面的回应，在"正预期激励"之下人们有理由相信，努力就有好的回报。（1）和（2）的结合之所以能有如此高而持续的回报，则又得益于（3）开放的世界市场环境。逐利而动的市场法则要求产品服务、资源、信息、资金、技术、劳动力在国际间畅通的流转。"更平坦些"对于处在当时松绑和起飞阶段的中国人是出奇的有利。对于处在当时认知水平的西方，这却是始料未及的。

以美国为代表的发达国家，在当时以为平坦起来的市场，有先发优势的总能更畅通无阻地配置其占优势的资金和技术，把生产转移到劳力和环境成本较低的地方去。只要能控制住供应链以及更关键的资金价值链，就能在商业食物链稳居高位。这个模式虽说奏效，只是部分成功，而且不能永久持续。在靠金融运作轻易攫得厚利的过程中，西方的国民被"惯坏"了。实体经济遭偏忽，消费靠举债，资产被泡沫化，骄纵替代了拼搏精神，他们误以为靠金融工具为世界数钱分利能常久不衰。这种奢想在民间和政府弥漫发酵，麦道夫的庞滋骗局就是其中的一个显例。十三年里它从没有过完整的证券交易记录，却没受到监管。麦道夫许以10%~12% 的金融投资年回报率，居然就能把许多江湖老手（自然是"成人"）长期骗入壳中，说明了自迷迷人的心理在整个社会严重到了何等地步。

不过美国人也在醒悟中，对国民收入结构越来越偏向资本收益而越来越偏离劳动收入的批评，也日趋强烈。虽然按收入的来源，美国的收益多靠高端金融业分来，而不是靠制造出口挣来的，金融服务业和信息产业的高级白领同一般白领及蓝领之间收入贫富日渐悬殊，是"市场分配法则"理所当然的结果。这个状况不断加剧，迫使政府参与酿出次按房贷的祸害。说白了，美国政客们在谋求替富人减税的同时，为了缓和人们的愤懑，有意识地用虚幻的财产效应来满足不具备能力透支消费的民众的欲望，助长了举债消费、杠杆运作、资产泡沫、金融投机的倾向。美国的这个模式推至极端，捅破的却不止美国人的举债消费的心理泡沫和全球资产泡沫，它对世界经济的发展模式，包括金融秩序重整，全球化策略，还有中国等发展中国家靠出口引导的增长模式，也都提出了严峻的挑战。

巨舰调头又谈何容易？奥巴马政府的救市措施，很清楚，是一个救急不救穷的方案。它或许可以止住经济下滑，为冻结的信用解套，但要创造高附加价值的工作机会，达到充分就业的目标，回归到高低收入群体之间的和谐，绝对是艰难的。眼下要问的核心问题，是政府承诺要支出的巨款从哪里来？经济的基本常识指明，筹措的途径不外有三：增税；增发国债；美元贬值。其中第三个途径并不能独立操作，而要实施了第二条途径，即举了巨债之后，再用来减低债负。

第一条途径最直截了当，也是应有之理，在美国却不能被执行，选民绝不愿意多缴税，大幅增税在政治上是不可行的。若是奥巴马要想连任，这当然是他的第一优先考虑，即使偶有增税之举，也是杯水车薪。

因此救急的两万亿，分分钱都靠发债。美国人常常在说，国库已经亏空累累，国债都将由"我们的孩子来还"。问题是买美国国债的钱，不能无中生有，而要有实在的人拿实在的钱现在就买才成，尽管偿债可以等到多年以后。这里有两点我们必先清楚，(1) 这些实实在在的钱只有部分来自有积蓄的美国富人，还有不少来自外国人过去辛劳的积蓄，其中日本人和中国人占了很大的份额；(2) 将来还债的并不限于美国人的孩子，必然还包括外国人的孩子。得牢记，**万变最终不离美元贬值**。对美国人来说，美元贬值是最省事的途径。中国两万亿美金的外汇存底，还在不断累加，眼下值 13.6 亿人民币，2005 年曾经值 16.6 亿人民币，今后值多少？到了我们下一代又剩几何？

金融海啸加重了我们面临的困境。我们能不能从今天起不再购买美元国债了呢？不可能。没有中国贸易出超赚取的美元支撑的话，美元的价格即刻就会下滑，美国发债的成本即刻就会大幅攀升，美国救市的目标也将大打折扣，而我们的美元存底亏损也将立马浮现。但是另一方面，这也是我们在中美关系博弈里的最大筹码。那么我们能不能用欧元来计值并结算将来的进出口交易，以及储存我们的盈余呢？很困难。外汇存底不及我国十分之一、经济规模也小得多的韩国，刚一露出有这个念头，美元和欧元的平衡就岌岌可危起来。美国立即警告，欧盟也不乐意，结果韩国只得作罢。人民币锚定弱势美元作窄幅浮动，实际上是占了欧元区的便宜，使得我国的出口在欧盟市场更具有价格上的优势。欧盟的抗议为什么不及美国的强烈呢？当然是它们的综合实力不及美国的缘故。不难想见，随着欧盟越来越深地陷入经济困境，对我们的压力会增大。

这就回到一个关键的问题：中国能够持续以往靠出口带动的发展模式吗？金融海啸重创之下，以美中两国为主轴来看问题，集中表现在人民币汇率问题的摩擦也会更趋激烈。即便不管国际的压力，假设我们能扛得住的话，认真讨论中国以往靠出口欧美为主导的发展模式的可持续性，仍是当务之急，它应该持续下去吗？

回顾一下凯恩斯的"一般均衡"，其核心恒等式 $(S+I) + G + F = 0$ 里面，S（居民收支净额）和 I（企业收支净额）合计为私人的收支，G（政府收支净额），以及 F（来自外国的收支净额），目前美国的 $(S + I)$ 和 G 均为严重负值，只能靠输入巨额的 F 来平衡。在凯恩斯的时代，受着"金本位"的硬约束，F 不可能太大。英国当时是主要的资本和商品输出国，F 常保持负值。那时 F 在经济政策制定中确实也居于次要地位。（例如，M. 弗里德曼的货币供应理论是以 F 甚小可忽略为其假设前提的。）当今世界却颠倒了过来，美元与黄金脱钩，随市场大幅浮动肯定是主要的原因之一。遗憾的是，在许多人心目里，还有意无意把美元看做黄金。如果说"拜金主义"还有若干合理的成分，**"拜美金主义"**则只会导致巨大的失衡。

美国的恒等式里的 F，最大的部分来自中国，在可见的未来并会继续增大。中国人卖给美国东西，说到底，是为了回报，为了收回成本之上的利润，即便偶尔补贴了美国人消费，也只是不得已而为之的。不过近十年来我们的巨额出超，并没有收到（全部的）回报，说白了，只是以"应收账款"的形式让美国继续花费。其中要命的是，这巨额的"应收账款"在不断贬值中。如此荒唐的局面到底是怎么形成的，就像希腊神话里的西西弗斯那样，执意要把大石球推到山巅？山顶的大神每次让石球缩掉一圈滚回山脚，西西弗斯却还是不折不挠，以更大的毅力和牺牲把石球再度加重，继续往上推。这种悲壮卓绝的行为背后的动机到底是什么？恐怕是"重商主义"的迷思情结仍在作祟：以为凡是卖出了东西就等于赚到了钱；加上"拜美金主义"的惰性思维：以为美元等同黄金，账面的收项下记录的美金就得到了实在的价值。这些迷思的不靠谱，不妨作个简单的比喻。杨白劳觉得只要喜儿能到黄府打工，工资不发没有关系，总有一天黄世仁会还钱，那时喜儿就有嫁妆了。穷人的这个朴实逻辑未必通得过黄世仁的体系，尤其是借据白条是由黄世仁来写的和执行的。

笔者深知，这层道理说是简单却未必能得到广泛的认同。为了帮助加深理解，除了上面引述的《大衰退》（东方出版社，2008 年），笔者愿再推荐有识之士的两本书和两篇文章，观点浅显直白，有兴趣的读者当有所获。

第一本是 G. 索罗斯的近作《索罗斯带你走出金融危机》（New Paradigm of Financial Markets），年初才出了简体译本。我在去年 5 月读了它的原版，叹服他的明眼。须知台湾在去年 8 月出繁体译本时，金融海啸还没有发作呢。索罗斯对世界即将面对的危机的前因后果论述透彻，得益他对明斯基关于金融体系是市场经济内生的不稳定因素理论的"活学活用"。

第二本书由《金融时报》的 M. 沃尔夫撰写的 "Fixing Global Finance"（2008 年 10 月在美国出版）。作为首席经济学家，沃尔夫一向关注全球金融动态，该书收集他积年的研究。在国内沃尔夫是只颇具恶名的"乌鸦嘴"，他在金融海啸刚发作不久的"亚洲的报复"一文中，宣称亚洲新兴经济体尤其中国难辞其咎的观点，引起了世人的关注和国人的憎恶。笔者以为，我们大可不必接受对方的"疗法"，沃尔夫也确有可能是"心怀叵测"。但对其"诊断"我们不妨了解，特别是现在，咱们对自己的"病况"可能也不甚清楚。退一步讲，就算纯然为了博弈，深入分析对手的见解也总是有益的。

值得读的一篇文章是巴菲特 2003 年 11 月 10 日在《财富》杂志上的随笔（它被广泛引用，估计早有了中译稿），讲述他开始"炒汇"和购买中石油之类的外国股票的由来。巴菲特用寓言式的故事来解析美国贸易赤字的困窘和美元贬损的弊病，断定无法长久。巴菲特在中石油和炒外汇上赚了个盆满钵满，美国的趋势却在过去五年里恶质化了数倍。不过贤明通达若巴菲特，他对本次金融海啸的恶质估计仍嫌不足，尽管他屡屡呼吁不少"创新衍生产品"实质上是"最毒的大规模杀伤性武器"。

另一篇文章是芝加哥大学经济学教授 R. 拉詹发表于 2005 年 8 月的《金融进展是否令世界更加风险？》(Has Financial Development Made the World Riskier?) 他当时担任 IMF 的首席经济学家，是国内熟知的学者。拉詹自称研究"金融创新"，原本是要证明自己相信它们真的促进了世界经济的稳定发展，如同主流价值观所称的那样。但是随着分析深入，他得出的结论却是始料未及的：这些创新，包括突破和规避监管的"制度创新"，使得世界经济更加脆弱和危险。有趣的是，在宣读论文的会议上，他立即遭到与会泰斗们的批驳，包括格林斯潘、萨默斯等人。他们指责拉詹据以研究的前提假设不对，也就是他的"立场"有问题。

总之，世界金融秩序不再能由美国继续来一手遮天，已经是很明显的了。各国纷纷提出了质疑和挑战，美国自己也不得不承认，表示要认真检讨。中国能否乘此契机，在全球博弈中发出自己的声音，亮出自己的手？同时也必须认明，过去八年来中国利用 WTO 的优势，靠出口来增长的模式不再能长期持续下去了。怎样改弦易辙？是我们接下来拟探讨的。

无论如何，中国在这场变局里占到了优势。过去拼搏的积累，虽说有很大一部分是"应收账款"，毕竟成了我们今后竞赛中的有力的"筹码"。举目环顾，在忙着"救市"的各国政府里真正有"底气"的没几个，中国当然是"最佼佼者"。

有一点必须了解，人类文明的进展，如历史一再证实的，多是趁着由"小得意"堆积成的"大问题"爆发而来的"契机"所促成的。值得庆幸，这次危机将引发契机，为中国带来"转型"的机运。至于能否克服自己的惰性，更上层楼，则要看中国人的智慧、胸襟、毅力了。相信上苍会"祝福"炎黄子孙，衪欠了我们四百年，已经表明在眷顾我们。

中国如何出招

> 困难不在于建立新观念，而在于舍弃固有观念。
>
> ——凯恩斯
>
> "自我监管的"资本主义离金融社会主义不过一步之遥。
>
> ——梅德韦杰夫

我们相信上苍将玉成中华雄起，理由是给我们的挑战是"适度"的：既非常严峻，催逼我们奋起，捐弃固有的陋习和惰性，卯足全力做背水的应战；又不严酷过度，迫使应战的努力功亏一篑。相比之下，中国面临的挑战确实要比如冰岛、爱尔兰以及东欧诸国要"适度"得多。

本系列行文至此谈的多半是美国。其实美国的学习能力超强，从不吃长亏，而且人才济济，无劳旁人指正就能汲取教训。奥巴马能够脱颖而出入主白宫，就很说明问题了。这里讨论美国的种种，无非是为了认明当今世界的格局，山姆大叔是我们的"三重皇帝"：美国是我们最大的出口国——"大客户是皇帝"；美国又是我们最大的债户——"大债户是皇帝"；同时美国又是全球规则的制定者和执行者，世界上的储备钞票有三分之二是美国印制的，有三分之二的交易是拿美元结算的。无论平坦与否，各国都得在这个场地上竞技。

在前文讨论的基础上笔者想强调一下的是，

- 经济生产隶属于更宽更广的多元博弈，其成效如何，受市场分配的制约很大；
- 现今的博弈规则不能且不该持续下去，否则中国人就太吃亏了；
- 市场有缺失，但是单靠政府监管不惟不完美，也不可行。中国人在两方面都有过很深的教训；
- 对于经济运作，经济学家所知不多，政治家们懂得更有限。出路不是两者之间的取舍，而需要在多元中权衡。

寻找解决方案的途径，第一步是"去意识形态化"，也就是孔老夫子说过的"毋臆、毋必、毋固、毋我"的意思。第一，是避免"一把榔头打天下主义"：手里只有一把榔头的人，解决问题都会用"锤"，更倾向于把一切事物都理解成"钉子"。"华盛顿共识"，或称"市场原教旨主义"，就是一种"榔头主义"。第二，是避免钻入别人设的套里。如果说"饿死事小，失节事大"的逻辑，对男人还有点道理的话，对女人是再混账不过了。一个女人不惜饿死来博取"贞洁牌坊"的话，那她就活该"天诛地灭"。中国人根本就不该做"市场原教旨主义"的"节妇"，或其他任何主义的"节妇"。

我不免想起自己经历的一个小插曲。1990 年我在美国执教之初，有一次和当时加州大学伯克利分校的华裔校长田长霖博士聚会，讨论亚裔学生进伯克利的考分为什么要求更高？在场有几位朋友都认为颇不公平。田校长涵养极佳，静静听完包括笔者的慷慨陈词后，缓缓地说，要是认为这个问题的对错很清楚，解决方案也很显然的话，你一定还没透彻想过，这样的话你提出的解决方案也一定没有可操作性。我当时觉得十分脸红。随着年岁阅历的增长，每想起田校长的开导，使我打心眼儿里感到羞愧。世界上的问题，凡是众人在关注的，多半不是因为无知和愚蠢，而是利益的纠缠和对峙；而问题之所以难以解决甚至恶质化，多半是因为博弈的一方或各方把已经过时的信念意识形态化了，甚至到狂热的地步。一把榔头到处锤，到头来也锤了自个儿的脚。

再过几个星期，就要在伦敦召开新一轮的 G20 的高峰会议，从 G7 进展到 G20（或许 G14 更合理些）本身就很说明国际态势的转变。虽说各国忙于救火，强调的是协力，一旦惊喘甫定，国家之间的矛盾将随之凸显，所以在这次会上定调，争得话语权占据高地，还是很重要的。

首先是以美元为核心的世界金融体制问题。1945 年"布雷顿森林会议"定下 35 美元兑换 1 盎司黄金的制度，无法适应经济的发展演变而在 70 年代初脱钩以来，黄金的美金价格腾升了二三十倍。除了欧元诞生添了一个小砝码来平衡外，美元的支柱地位依然故我，当今金融体系的稳定仍和美元的计值、储值、结算功能息息相关。这种体制安排的基本点是美元的信誉，它就好比"皇后的贞操"，容不得半点含糊。然而现在的美元，屡屡"红杏出墙"，引起了全球信用的很大淆乱。美元一再"出墙"，其实对美国的损害也很厉害。作为世界的发钞行，美国在所谓"君王铸币税收益"（seignorage revenue）上有巨大的好处，它印发一张百元大钞的成本仅六美分而已。印票子长期占用其他国民生产的价值，靠的是美元"皇后般的贞操"。金融海啸发作前，美元对各国（地区）的货币都有相当幅度的贬值（除了中国香港和沙特两个硬盯美元，以及阿根廷和墨西哥稍有升值外）。近来美元回挺，主要是国际间的债务靠它来结算清偿的短期需要，还有众多国家的债务结构更不合理所造成的。美国仗着这个独门优势，是惟一能从容不迫地发本币的债借外国的钱的国家。其他的国家受着双重的夹击，在本国资产价格急速缩水的同时更由于本币对美元贬值，外债负担骤然加重。对这种不合理的失衡状况，各国的不满和抗议将与日俱增。

如何修正美元的职能，确为难题。有人主张重返"金本位制度"。除非发明其他的"黄金券"能够替代美元，直接用黄金来支持交易，就像要孙悟空硬把头塞进一枚小小的金戒指里。若能在月球上发现并采掘金矿的情况除外，否则在地球上重返金本位是不可行的，所以我们必须"跳出盒子"另谋出路。建立区域性的货币同盟（欧元区域已取得可观的成果），或许是一条思路。亚洲 10＋3 国提出的"清迈倡议"就是这样一种设想，建立共同外汇储备基金，在危难时货币互换，及时相互奥援。（事实上 2007 年起美国就一直不断扩大和英镑、瑞士法郎等的互换额度，成为拯灾的有力手段。）如果能在平时双边或国际贸易里缩小以美元结算的比例，扩大本币结算的额度，就更好了。这样做能减少美元波动的风险，并制衡美元独大的局面。

其次是 WTO 规则执行的问题。WTO 脱胎于"关贸总协定"，本意是要把"规则的牙齿"磨得更锋利，来惩戒违规行为。然而 WTO 的法律地位是相当低的，它不是国际法条约（treaty），不过是行为的规范（protocol）而已，各国为了各自的利益，违规行为很难在 WTO 的框架里得到惩治。"多哈回合"的谈判蜕变成"拜占庭式"的角逐和扯皮就是一个证明。事实上，在准入的批判中老会员强令新会员做出满足其私利的承诺层出不穷，大家已看得很清楚。中国入世的艰难，以及俄罗斯至今被杯葛在外，都是其中的例子。

随着各国国内的困境和矛盾的深入，WTO 的步履维艰，事实上的停摆也不是没有可能的。区域或双边的自由贸易安排也将更习以为常。考虑亚洲国家内的区域协议，有个有价值的选择，虽然要演进到欧盟的水平还言之过早。至少，大中华概念下的紧密合作，互为优先的贸易伙伴是势在必行了。

然后，是世界经济组织的重整问题。拿"布雷顿森林"的三个成果之一 IMF 为例，它的作用在不断式微中。由于私人安排的信贷在国际贸易的角色越来越重，由 IMF 提供的国家信贷事实上已变得无足轻重了。2007 年底，它的信贷额不足 170 亿美元，它的整个基金不过区区 3400 亿，及不到中国在美国积累的两万亿美元的六分之一。它历次的救助行动，尤其在 1997 年亚洲金融危机中，行径相当偏颇，即使在 IMF 内部也饱受批评。除此而外，IMF 的设置和决策权分配，都已相当陈腐。例如，它的主席一职，必从欧盟国家产生，以交换由美国人担任世界银行主席的特权。它的投票权结构也是厚此薄彼，谈不上什么公平，也不能反映世界格局的变化。例如，投票权偏重于欧盟（29.2%）和美国（16.8%），中国的投票权（3.7%）仅和意大利的相仿。

随着这次经济危机的深入，IMF 理应起更大的作用，但老瓶只有装进新酒是 IMF 能有效发挥的前提。例如，改革美元作为世界上惟一的储备货币的垄断地位等议题。中国应该抓住这个契机，谋求在 IMF 扮演更重要的角色。虽说 IMF 已经非比以往，不再是一个核心机关，但即便是参与国际规则制定的象征，反映特别是近三十年来中国对世界发展和经济的贡献，我们也有理由积极争取，发出更大的声音。

接着来谈一下比较具体的国际监管问题。以新巴塞尔协议为例，它从旧协议"进步"而来，本意是有利于商业银行更严格地管控风险和更全面规范作业。到头来却反而积累起风险，减低了抵御风险的资本充足要求，实质上对金融震荡也有推波助澜之嫌（pro-cyclicality，请见美联储主席伯南克的批评）。深入一点看，新协议拟定出的所谓"内部评级法"（IRB），奥妙不小。发达国家特别是美英的大银行，曲意诠释 IRB 法，自说自话地低估自身的风险，降低信贷和变相的衍生产品的风险权重，从而调低风险加权资产，缩减风险计提准备。这种洞开后门的结果是，拔高了高风险的金融杠杆率，实际上降低了作为巴塞尔协议"灵魂"的资本充足要求（请见本系列第三期的说明）。对发展中国家（包括中国）的银行，新协议则规定要有五年以上的"训政期"才可考虑实施 IRB，理由是它们在公司治理、信息处理、风险意识和管控等方面的能力都欠佳。当初是为了让竞争场地向发达国家的大银行大幅倾斜而设计的 IRB，结果却让它们自己也尝到苦果。例如，一向被誉为最佳银行的美国前三甲，花旗银行、美洲银行、摩根大通银行的市值在本次金融海啸里，分别跌掉了 96%、89%、57%；而"业绩最佳的"苏格兰皇家银行居然破了产，已被英国政府国有化了。难怪曾为经济学家的俄罗斯总统梅德韦杰夫要惊呼，他想不到西方国家竟然一步就从"自我监管的"资本主义跨到了金融社会主义！

经济规则的制定和执行历来是经济和政治过程的交织，而非递加，在"合理的"经济方案制定之后再交给政治来核准和督办的，经济和政治从利益目标到方法过程，向来都是分不开的。我有一个小经历可资说明。1999 年我返国服务之初，就曾代表中国建设银行去中国香港地区参加巴塞尔新银行监管协议的讨论，当时亚洲地区的银行家被分成一组，对巴塞尔新协议提出建议。记得有一位印度银行家道出了大家的疑惑。他说，以国别来采用不同的评级方法，然后由美国控制的评级机构来评定银行的债信等级，不但有欠公正，隐患也很大。亚洲银行（包括日本的）实际上并没有什么话语权，只能被动地接受安排。趁着这个机会，我开始对新巴塞尔协议的进展发生兴趣。回顾来看，那位印度银行家的顾虑真还在点子上。

我们得明白，采纳任何国际规则，既要参与也要重视规范制定的话语权。若是以为既是国际规范，就得像"妇人的贞洁"那样不遗余力地遵从，未免太失于轻信了，同时也不利于深入浅出地博弈自己的利益。

知易行难的"以人为本"

退潮之后，可以看到谁在裸泳，还能看到暴露出来的暗礁。

历史只会把机遇赐予响应挑战的勇毅者，而且总是"相反相成"的。这类挑战是适度的，既非常严峻，催逼我们奋起，捐弃固有的陋习和惰性，非卯足全力不可；又不严酷过度，迫使应战努力功败垂成。

在世界格局的博弈中靠的是顶级人才，而中国最缺的，恰是这类有历史眼光，有终极关怀，有专业训练，不受意识形态的羁绊，又善于学习应变的复合人才。从短程讲，应立即着手延揽和培训。和姚明的高度、聂卫平的算度之类的天赋不同，这些专家可以在选聘后强化培训就能应急；从长程看，拥有一群顶级人才，能和美国等发达国家在世界舞台一较长短的，则需要制度化的支持。其中的关键，是要建立现代化的"吏治"。

开发特别是要能保有这类精英人才的尽心尽力的服务，必须给予良好的环境：充分信任来诱发其创造力、考核到位以至激励合宜。为此，要尽早建立"职业经理人"制度，区分"官"、"僚"、"吏"的不同轨道，各有发展晋升的有序通道，让各自的雄心都能施展并且形成积极的预期。无论对大国有企业、大银行等的主管、大学校长、重要研究和行政机构的主任等骨干人才，"吏治"都极为重要。这类"僚"和"吏"，即所谓的"事务官"，只有得到了足够的尊重和奖酬后，才会把专业生涯当作自己的终身事业——因为确实需要他们的毕生投入，而不再心神不定，老想和"政务官"攀比，仅仅把目前的工作看成进阶的跳板，以为不做"官"不足以攀登顶峰。尽管在实际上，事务官"客串一把"政务官的事可以常有。总之，这方面的制度激励如果不安排妥帖的话，执政的效率就无法现代化。

在这场金融和经济危机带来的契机中，"以人为本"当然还有其更广泛的意义。把人作为宗旨的发展价值观提出来已经很久了，而且与我国的传统、世界的潮流，以及社会主义的特色都相吻合。然而在四万亿的救市方案里，却看不到它的什么有力措施。审视其中原因，把"增长"简单地理解成"发展"的扭曲恐怕仍旧是个主要因素。

开放之初，国内是民生凋敝，万马齐喑，那时任何增长同时就是发展。从束缚中舒展出来的亿万劳动者恰好遇到了生产全球化和金融市场化的大局面，同国际需求配合成良性的互补关系。十数年超过 8% 的增长有很大部分是趁着这种互补，靠商品出超得到的。但增长渐渐地偏离了成长，而"出口即赚得"的重商主义扭曲和"美元即价值"的拜美金主义扭曲也在推波助澜。渐行渐远的量变趋势在这场金融海啸里突然被折断，外延的规模扩增事实上很难再持续得下去了。

首先，国际间良性互动的格局将会朝后退缩。这里试举几个简单的例证。奥巴马的刺激方案的一个附加条款"购买美国货！"，在国会压倒性的支持下通过，强烈反映出美国民意。况且在进口政策上对中国还有歧视性差别。再如法国政府，对雷诺、标志汽车公司的救助里甚至直截了当地下指令，解雇员工只能在国外进行。各国在救市政策也都以维持就业为首要目标，救市的效果也以能否降低失业率为判别。

金融市场的崩盘明确无误地传出讯号，单靠"数钱和分钱"的交易撮合（deal making）并不能替代实在是产品／服务的制造（product making）。金融服务业，尤其是最赚钱的跨国批发业务，并不能带来许多就业机会。另一方面，大多数国民也不具备高端服务业的就业素质或志趣。这其实是造成美国目前的悬殊收入分配的一个根由。为了维持和增加多数国民能够胜任的蓝领和中低阶白领的职岗，统治精英必然首先考虑选民和纳税者主体的诉求，特别是在危机时期。此时，WTO 之类的对外承诺，甚至连经济效率或者"市场规律"等等，都不得不为他们让路。

这些变化对中国继续靠出口取得增长的模式构成极大的制约。去年底以来出口滑坡的幅度显著，估计将持续扩大。我们的"出口退税"等措施即可缓冲于一时，却是无法扭转趋势。出路当然是一直在说的"提升和扩大内需"。但说来容易落实起来却难，至少，在第一波四万亿的振兴支出分配上，就没看到有哪些是针对国内需求的结构性变革，是能产生持续的内需效应的。比如说，在支出项目筛选核准和优先排序上，有没有把它们对就业的影响作为主要的评判标准？

这次危机搞得人仰马翻，在纷攘之中，还是有一些明眼人指出，中国面临的困难，就其本质和发达国家的相当不同。让我们再次回到美国七十年前的状况来看问题。当时的美国已是世界经济的首强，体制、政策、资源组合使它的生产力有了惊人的扩张，然而基本民众的收入还在一两千美元的水平徘徊，无法消化巨大的规模生产的成果。"需求不足"的尖锐矛盾，在"大萧条"为契机下，人们痛苦地认识到若是只能得过且过，没有能力消费"耐用品"，如汽车、大件家用电器、住房等等，大规模高效率的生产就无法继续。福特汽车公司一个经常被引用的例子。当时一个工人的日薪在 1 到 2 元，而福特的 T 型大众车价格是 500 到 750 元，尽管福特公司"破天荒"地把日薪提到 5 元，还是没法使销售大量提高。当私人企业主"心里的手"不再能合成"上帝的手"，来协调市场运转时，罗斯福的新政在凯恩斯的理论指导下就成看"上帝的新手来替天行道"。正是政府在危机中的强有力干预，催生了新型的市场实践，才避免了资本主义市场在当年被社会主义取代的结局。其间的经历当然充满了磨难和折冲，措施也有成有败，对中国有借鉴意义的一定不少。

我国目前的发展和收入水平和美国大萧条前夕的相当接近：人均三千美元出头，温饱基本有余。在国内的实际购买力，按世界银行的标准则超过了六千美元。不过这和每个国民都有六千美金的消费能力不是一回事。收入结构对于消化国内的产能的影响极大。几乎所有在华经营的跨国企业都认识到，全国十四亿人，有能力购买它们产品的有效市场，规模不过三到四亿人而已。不妨拿几个宏观数据来帮助简单说明。开放后的 1978—2007 年间，剔除物价因素，GDP 增长了约十五倍，城镇居民的人均纯收入增长了 9 倍，农村居民则增长了不到 7 倍。两类人相比，1978 年为 2.57:1（343.4 元对 133.6 元），2007 年则为 3.33:1（13786 元对 4140 元）。也就是，八亿以上的人口其收入在三十年间的增长速度不到整个国民收入的一半，而占优势的城镇居民，收入增长率也仅及 GDP 的 60%。再来看 GDP 的构成，居民的收入只占 45%，有 23% 成为国家财政收入，余下的 31.5% 是资本与存货。流到国外的，算是资本净输出吧，则占到 GDP 的 7%。至于我国的内需，约在 GDP 的 40% 至 45% 之间，和出口的份额几乎相同；而对外贸易的净出超则显著超过 GDP 的 10%。只需粗略计算我们就能明白，一个典型的打工妹，她 12 小时 × 28 天的产出价值，要大大超出她 1500 元左右的月薪。这个差距再乘以三亿，就不难理解内需为什么会惊人的不足。

这在任何国家都是极不寻常的，像我们这样一个超大的发展中国家，就更难以想象了。矛盾以前没有突显，是因为我们的产能有一半以上是在国外尤其是美欧消化掉的。欧美国家之所以能容忍这种状况，已如前文所指明，是因为它们并没有付讫从中国的进口，而是在欠账消费。**中国（主要是政府）投放在美欧的"资本输出"，实质是被迫的"应收账款"**。本次市场崩塌，发达国家继续"透支消费"的能力大为缩水，加上国内的就业矛盾尖锐，它们可能也不愿意再这么干下去了。

看来喜儿现在必须设法消费她自己的劳作了，单凭常识人们就会明白理应如此。历史的经济分析也告诉我们，这个转型是完全可行的，在其过程中中央政府必须扮演关键的角色。

怎样从基础结构着手来提升内需消费是个大题目，从经济的有效发展到社会的公平和谐，都值得进行系统的深入讨论。限于篇幅，我们仅就如何提升人——生产者＋消费者——的素质、技能和机会，提出一些看法。

在危机的响应中，中央政府在人力素质投入上要有通盘的大举措。教育投资虽说回报有 4—9 倍，但在各国，无论发达与否，从未成为过盈利的生意。它显然是一种公共产品，主要由政府来主导经营。事实上，教育在重新平衡机会和资源上是现代社会最重要的杠杆。

出路之一，是用在美国积存的"应收账款"去购买美国的教育服务，美国的高等教育无疑仍是全世界顶尖的。方法是给予可造就的学子赠款或无息贷款，资助他们到美国进行本科以上的深造。其中贫寒子弟经过适当的公平考试，可以得到明显优惠。购买美国教育来代替消化年收益仅仅 2.9% 的美国国债，既可降低美元资产的人民币价值贬损，同时容易为对方接受，俾收一石两鸟之效。

出路之二，大规模展开流动农民工的技能和素质培训，大部分由中央政府直接补贴，包括学杂费＋薪资方面的补助。目前是个好时机，在开工不足的情况下容易得到工人、雇主和地方机构的配合。培训工作技能的课程要务实，旨在增加其市场选择和竞争力。职业培训课程的成功经验不妨取法德国等国家的。

出路之三，向广大农村地区的中小学生免费提供营养保证的餐点。

出路之四，设法提供农村地区个人小生意的启动贷款。由于风险可观，这不能理解成单纯的市场行为，全让商业机构来承担。政府得想透彻，即便收不回贷款，钱也留存在了民间，成为其他国民的收益。贷款的条件是贷款者确实经过了创业的拼搏。如能借鉴像尤努斯的贫民银行经验，如增加担保品或小贷户的联保，效果或许会更好。

出路之五，增加农村地区居民的消费信贷。这种准市场业务，要靠公共基金作支撑担保，只有政府不太计较一时的亏损，营利机构才不会虚与委蛇。农村消费信贷的目的，在于帮助初入小康的家庭扩大消费耐用品的能力。当绝大多数国民都跨过了生存以上消费实力的"坎"，中国才能遏制住出口的饥渴。

思路还有许多。本次金融衰退引起了国际贸易的严重"落潮"，迫使我们认真考虑如何实质性地开拓内需。在伸展内需市场使它更平坦一点的努力中，"户籍"这个制度性的"暗礁"就凸显出来，它束缚着国家的现代化进程。譬如在计量地区的经济产值和就业状况时，就会产生很大的偏误。我在访问广东东莞时就曾发觉，该城统计就业率是以本市常住户口的 170 万人为分母的，然而地区的经济产值却是 1200 万名外来劳工共同干出来的（从当地 1400 多万个手机用户得知）。问题是，外来工不能进入视野，他们的就业和消费能力怎能得到应用的关注？再如，教育资源分配上户籍的影响非常显著。城市户籍人口中初中毕业后有 67% 能继续升学，并有 16% 的人达到大学及以上学历；而农村户籍人口中对应的比例分别只有 27% 和 3%。总之，由户口制度加剧的两个割裂的市场，无论是劳力市场还是消费市场的历史状况不应该再继续下去了。

金融海啸带来的挑战压力，终于迫使人们来面对积累很久的矛盾和问题，这应了本文开头所讲的，历史的机遇从来都是在"相反相成"中被逼出来的。从积极的角度看问题，对户籍制度的改革很可以成为我们前进的一个大动力，就像以前对农田耕作的责任承包制度的改革。和西方国家不一样，它们是在或接近于"帕累多效率前沿面"上运作的，要做的抉择有"零和博弈"的性质；而我们，在以前制度的严重缺失或扭曲的束缚下，却有制度建设和创造的巨大空间。其实，户籍的改制若能得法，这无疑需要智慧和勇气，我们很可以再白吃一顿丰盛的"制度性午餐"！

知难行易的"企业升级"

> 请仔细瞧一眼你左边的人，再看看你右边的人，你们之中会有人明年就不在了！
>
> ——P. 萨缪尔森
>
> 我们信赖的只有上帝，其余的都请付现金！
>
> ——W. 巴菲特
>
> 天下没有崭新的事，历史上都曾发生过，只是你不明白而已！
>
> ——H. 杜鲁门
>
> 一些企业兴起了，一些企业衰败了，这就是市场，这就是文明博弈的逻辑！

"请仔细瞧一眼你左边的人，再看一下你右边的人，你们之中会有人明年就不在了！"萨缪尔森在他的 1948 年问世的第一版《经济学》里的第一句话就是这样写的。其实这是哈佛法学院院长每年开学对新生的训话。他告诫，到这里来念法律可不是玩的，很大一部分将被淘汰。萨缪尔逊的《经济学》至今被公认是最伟大的经济教科书，引语后他随即的评论堪称经典："在运行有成效的经济系统里，每个人都将有同样的风险。"

这次经济危机第一波冲击之下，原以为坚不可摧的大企业就纷纷颓然委地了。和 2007 年的市值相比，除了上次我们提到过的美国三大银行之外，AIG 被毁掉了 97%，GE 缩水掉 81%，福特缩水掉 70%，HP

缩水掉 51%，Exxon 缩水掉 39%。IBM 下挫了"只有"21%，算是抽得上上签了（沃尔玛是惟一例外的，它的市值增加了有 8%）。就连我最景仰的巴菲特的 BH 公司也暴跌了 50%！难怪老头苦笑之余，在 2008 年度致 BH 公司股东的信里他说，目前的局面令他回忆起幼年大萧条时的境遇，信用冻结、社会信任停滞，所有的交易都得用现金结清。

"IN GOD WE TRUST"（即"我们信赖上帝"之意）这四个字印在每张美钞上，你平时或许没注意。如果你要是收集钱币的话，可以找出当初的美元（所谓"绿背钞"）上面印的四个字不一样，而是由美国的元勋 + 财神富兰克林建议的 "MIND YOUR OWN BUSINESS"，它的意思是"顾好自个儿的买卖"。比较前后，真有点让人哭笑不得。要是每个人都能"做好他自己的生意"的话，信不信赖上帝又有什么关系？然而人们必须先恢复相互之间的信赖，否则现代市场经济就无法展开。而各国纷忙的刺激方略，首要的目标就是要恢复严重损坏了的市场信用。

眼下持有现金的显然为"王"。网上有条讯息，基本属实，说假如有 1000 亿美金在手，这个数是苏格兰皇家银行一年多以前收购荷兰银行所花的钱，而它自己已经破产并被国有化了，你能做些什么呢？你大约能收购：花旗（$220 亿）+ 大摩（$105 亿）+ 高盛（$200 亿）+ 美林（$123 亿）+ 德意志银行（$130 亿）+ 巴克莱银行（$127 亿），还剩下 $80 亿再可以买下美国的三大汽车公司……市场凶险难测，即便贤哲如巴菲特，估计也严重不足，以至于出手或承诺过早，坦承有"自我失误"的懊恼。我一直是 BH 公司的 1 股股东，也是他忠诚的"粉丝"，并始终不渝地在介绍他的理念、方法和价值观。

本系列迄今为止都在谈论"大题目"，现在恐怕得转到"谋生术"的谈论上，这才是本人的专长。企业治理和经营是我的所学、兴趣和多年的实践积累。有机会我或许会开设一个系列讲座做微观方面的交流，本系列的结尾篇里先提示一二。

市场有其风险，"一些企业兴起了，一些企业衰败了，这就是市场"。前些日子，有所谓"蓝海"之说，颇为热闹。其实所谓"蓝海"原本就是从"红海"夺门而出的，而且别指望它能持久，海水旋即不断涌入，很快就成了"紫海"。任何创新企业的创业者的经历不都在诉说这个逻辑？

市场成功运作带来风险，市场扭曲更带来风险，它们是著名奥地利经济学家熊彼得提出的"创造性毁灭"的基本素材。但是经营者必须积极乐观：人为造成而强加给你的风险，同样可以带来契机而成为你的动力。面对眼下这片"血海"，我们怎样求生存，甚至别开生面地求发展？

去年十一月我在以金融海啸为题的一次公开演讲里，就拿"泰坦尼克号"电影来比喻，企业怎样做才能生存才能兴起。我剪辑了电影片段在会场里放映，显示男主角杰克是怎么带着新情人萝丝逃出绝望挣扎的人群漩涡，在船头翘起之前迅速攀登到顶部抓紧栏杆，在船身竖着快速滑入冰海的刹那，杰克要萝丝猛吸一口气，以便能在漩涡里屏住呼吸，直到冒出水面……杰克看上去是个街头小混混，却富有常识，行事果决，浮出之后他坚毅冷静，要萝丝必须信心坚定地活下去。虽然他本人缺了件救生衣最后冻死了，但杰克的精神和"种"却由萝丝留传下去了……这一幕能给企业和个人极好的启示。

在危机中企业要怎样"猛吸一口气"活出漩涡？我随后提出一些建议，归纳为如下的几条：

- 收缩战线，集中精力保卫核心业务和能力，非核心的迅速处理掉，能卖则卖。
- 如同珍视血液一般保有现金，同时克制支出，缩减成本。
- 和包括上下游的合作伙伴重新商谈业务条件，加速资金回笼。
- 维持士气，保留骨干人员，经常与之沟通，同心同德的核心队伍是渡难关和再出发的要件。

- 保持敏锐和开放的心智，注视市场和竞争者的动向，随时调整
  应变伺机而动。同时，能设身处地从社会、政府机构、业务伙
  伴的角度来理解局势，来积极响应和配合。至少不能只顾近利
  而断送未来的机会。

为了求生存和在市场竞争中赢利，没有比企业自己更好的决策者了。作为公平竞争规则的制定和督办者，政府机构则应该确立一些有效的准则，其中关键的有：企业是否创造了工作机会？纳税的情况如何？企业是否合规和履约？企业经营是否有溢出的害处，等等。其他的干预，以产业结构、技术升级等名义，经验证明，都不会很有效果。例如，生产的"技术含量"就不应该成为一个目标，完整的问法应该是"经营的（长期）赢利性如何？"技术含量高但却不能带来高附加价值，只会是缺乏生命力的花架子。政府即使确信自己能看准市场发展的方向，在导向扶植上的服务最多只能适用在基础阶段。比如教育培训、基础研究、技术引进和示范以及在新技术孵化阶段的一些奖励，等等。即便政府机构有心这样做，也得在做好秩序和环境维护的基础上，实质性增加了就业和税收后，才有能力这样做。那次讲演中我也提出，在市场—企业—政府的互动中，关注的焦点最好能集中在：

- 即期焦点：
  以就业带动的内需为首要考量；

- 近期事项：
  企业重整梳理作业和决策流程；
  政府改进税收体系和执行力；
  共同探索旨在提高经济附加价值的产业结构和产能组合；
  国家加强吏治建设；
  全社会强调到位的问责激励机制；
  加强社会保障系统建设；

- 长期目标：

    全社会的教育和人才培植；

    城乡户籍制度现代化；

    国家人事制度现代化。

希望这些政策建言不是缘木求鱼，也不至很快过时。

本系列的评述行将告一段落，笔者衷心感谢读者的耐心，也忍不住对诸君的个人理财聊进一言。我们屡次说起本次危机的病根是在"利益的不对称激励"，因此阁下在投资一家企业或一只股票时，有必要了解企业主管的驱动力机制：他们是如何得到奖酬的？会不会导致短期行为？据我所知，几乎所有的"科学估值方法"都忽略了这层关系，但不少企业隐患恰是由此引发的。BH 公司、微软等"天然的"是优秀企业，其所有权和报酬结构就很说明问题：巴菲特的年薪仅十万美元，在 BH 的股份却超过了四分之一；盖茨的年薪不到 40 万美元，同样拥有微软 10% 左右的股份。所有者和经营者的利益岂止是"对称"，两者是合而为一的。从根本上，企业就不会有竭泽而渔的扭曲。

本次金融海啸扑朔迷离，笔者尽其所能，试着和大家分享自己的一些粗浅的理解。理解这类多元利益交织纠缠的超级博弈，要尽量从历史的视角，并在过程通过案例来把握它们。我们已提到过冰岛、AIG、麦道夫、巴塞尔协议等案例值得大家反复研读和解析，我愿再推荐杜邦公司的案例，它的 CEO C. Holliday 应对危机，和泰坦尼克的杰克是异曲同工，沧海横流中都显出了英雄本色。

杜邦，众所周知，已有三百余年的历史且是道·琼斯工业指数里最悠久的成分公司，在 20 世纪的大萧条里它靠创新（如尼龙化纤和生物制药等）立于不败之地。这次危机它的反应又是如何？

杜邦的 Holliday 先生去年十月在日本拜访大客户时，明确感觉到市场将急转直下，因此在返美航程中就安排决策层紧急会议。次日清晨七点的最高会议上当即做出判断：危机在即。在进一步收集信息佐证时，Holliday 根据两个变化：杜邦的也是众多大公司的总部所在地的酒店在过去十天里空房率突增 30%，以及汽车涂漆订单的突然枯竭（美国有 30% 的车辆用杜邦的涂料），而且在货到后两天之内就用，断定变局已在发生。于是他立即启动特别针对流动性的危机应急程序，迅即做出的措施第一条是控制支出，尽一切办法留存现金，并努力拓宽信用资源，以备不时之需；第二条是立即向骨干队伍交底，并让全体员工都有心理准备。接下来的十天里，杜邦的六万员工每人都要和上司面对面沟通，各自提出共渡难关及撙节费用的合理建议。

同时，一系列行动也立即着手展开，如取消国际会议、减少差旅、取消咨询项目、中止和第三方的服务合同，等等。其间，CEO 又和财务总监及运营总监一起，分别和最高一级的十四个主管个别谈话，详尽讨论该做什么及怎样落实。谈话并突出两点要求，（1）对局势的艰难要有长期打算，不可盲目乐观；（2）在当月立即实施，而不允许等到下一季度。在裁员问题和关闭作业单元时，也能注重有序、知情和权衡，尽量用已有的员工来替代原先外购的服务。

在一系列应急措施迅速落实和有效执行下，杜邦公司从危局的漩涡中解脱出来，并且得到了市场的认可。目前美国面临困境的大公司的名单里，杜邦均已不在其列。

美国的长程演变
及其对中美战略博弈的影响

国民精神与经济规模

中国经济的规模总量将取代日本成为世界第二的预测，铁定要在今年兑现。业界和学界甚至出现"G2"的说法——作为全球的老大和老二，美国和中国接下来怎样互动？中美关系的重要性超出了当今世界任何一对双边关系。中国在和平崛起后开始了如何能持续和谐发展的战略讨论，同时美国的前瞻人士也在展开热烈讨论，评判美国能否再度发力，维持其超霸地位。美国是否已经进入了衰退的长周期，它能否有自我更新的判断，对于中国的战略定势及发展导向至关重要。

对一个大国兴衰的战略态势的判断，不能依据、至少不能局限于当期或近年的经济数字，就像评判一个有潜质的年轻人不能以他目前的货币收入，预测地震的几率不能根据近年来有没有发生过震灾为依据，是同样的道理。笔者多年前读过一本有关二次世界大战的名著，对其中一则记事影响深刻。希特勒在英军敦科尔克大撤退后，无法以战逼和，而丘吉尔为首的新内阁在美国的援助下，抗战更趋坚定。判断美国有无参战的意志和能力，于是成了纳粹称霸战略最关键的考虑。希特勒对美国这个"金元帝国"原本相当轻视，他以为美国人孜孜唯利，民风浮夸，不足为虑。不过他还是派出考察团队秘密周游美国，来寻求答案。考察后的报告改变了希特勒的预想。报告指出美国人的作战意志绝不可小视，依据之一是大学生的美式足球比赛，斗志盎然，从球员到观众，竞争精神都极为强韧充沛。希特勒接受了这种判断，想尽方法不与美国开战，直至珍珠港事件爆发，美国对日宣战后，德国才无法避免对美宣战。

从战略层面和长程演进看问题，大国之能兴盛，倚重的是国民精神——追求整体目标的意愿和必要时牺牲和奉献的意志，国民建立和遵从竞赛规则的能力，建设、维护、更新规则的机构组织能力，以及推举领导人并与之互动的能力。过分看重生产活动的短期效应，反而会茫失关键的要素。我们基于这层认识，来追问美国现时处于兴衰的什么阶段，它对中国期待的崛起有何影响？以及中国应该如何因应和互动？

民主体制，兴还是衰

检讨古罗马帝国如何衰亡，近年来在史学界和美国的政界重又成为热题。罗马大帝国的兴衰经历了大约有千年，若是你有机会到意大利首都罗马去参观，一定会看到在古斗兽场的城墙上挂着四幅大地图。描绘罗马从一个蕞尔小镇初始，扩张为跨越欧亚非的超级帝国，而后又龟缩成一座城市的千年历程，仍不免感到震撼。英伦著名历史学家吉朋是研究古罗马衰亡的开山祖，他出版四卷本《罗马衰亡史》（六卷，出版于1776—1787）和英国丢失殖民地美国的时期重合，恐怕未必是巧合。美国和英国一样，认古罗马为它们文化特别是法制精神的先祖。不过美国从来不曾是帝国（以大规模海外驻军并拥有大量海外领地来界定），其国力也从来没有依赖某个举足轻重的城市（如法国或日本等国仰赖巴黎或东京那样），至今也还没遭受过什么重挫，何来"狐悲"之情？

有识者认为，以古罗马为史鉴，比照当今美国，并非无的放矢。古罗马的衰亡极有特色：（1）死而不僵迁延了足有四百年之久；（2）乃"咎由自取"。按当时的资源、技术、制度、设施，总之"硬件"的各个方面，包括人员的"硬的部分"（人口规模、营养体魄，连同教育训练、知识技能等），都是竞争势力和挑战者所无法与之较量的。事实上古罗马从没有在一场决定性的战役中被击溃过，它的衰败乃亡于"内"和"耗"：内部人的纷争、倾轧、阴谋、极度靡费、嗜血夺权，耗了四百年，终于把偌大的帝国给耗尽了。随之而来的是欧陆千余年漫长的"大黑暗时期"，其间罗马帝国靠民选而非世袭的执政制度被整个世界所遗弃。长久的内耗能断送任何组织，岂罗马帝国为限？其中的道理至为明显：一旦进入内耗的恶性周期，官员、民众以及两者的促退互动，会像染上毒瘾般地向下螺旋，要遏阻、中断、扭转恶质化的下行趋势是非常困难，假如不是不可能的话。

古罗马在它的鼎盛时期不久就急剧衰解，公元1世纪后的几十年之内这一势头就变得猖烈而无可挽回。行为短期化，自上到下无所不用其极地竞逐眼前的私利，把帝国的疆域和安危置于罔顾。罗马人分崩离析成小利益集团，相与倾轧、交叉牵制到了胶着状态。政治家们几乎无一例外地沦丧，成为钻营的政客，为取悦选民而大包大揽地承诺，开出无法兑现的"空头支票"。例如，当时自由市民的"罗马假期"，一年在两百天以上，还不断要求执政者提供免费的宴饮和草菅人命的斗兽来狂欢作乐。传统罗马步兵（由自由民担任）的尚武精神尽失。民众不事经营，耕作和劳务尽由奴隶和没有公民权利的外邦人承担；民众也不思卫国，帝国军队多以蛮族的佣兵代之。军头无论是"本族"还是"蛮族"的，都拥兵自重，根本谈不上效忠国家。在边陲作战的军队随时会弃阵地于不顾，杀回罗马搞政变或反政变。公元 2 世纪起更是国无宁日，几乎没有哪个十年没发生过篡位、弑君、内战、血洗等自作孽的恶行……

罗马的衰败，就像是一组慢镜头，一部列车迟缓地却无可挽回地驶向深渊……这种可怕的场景对当今的美国有何象征意义？美国第二任总统约翰·亚当斯有一则语录相当令人震撼，近来被美国人再度引用："请记住，民主从来不能持久。民主很快就会靡费、榨干和谋杀它自己。还从来没有存在过不自蹈灭亡的民主。"如果不清楚这段语录确是美国开国元勋讲过的话，你还真的会误以为是出自墨索里尼之口呢。民主注定要谋杀它自己呢，还是能够继往开来？这可是一个关键问题！

集体行动的逻辑

对于美国式的民主，人们的质疑常常集中在，过于平等的票选过程是否会导致公权力的涣散？受着非理性情绪驱使的多数是否会随意改变法规，先剥夺少数人的财产权，最终使整个民众的"天然权利"归于沦丧？或者民众板块化分裂成为利益集团，为了贯彻集团各自的短期利益诉求而相互"死掐"（gridlock），致使整个社会无法有效响应挑战，直至瘫痪甚至崩解？这些疑惧，多多少少都可以远溯到古代罗马帝国沦丧的教训。

小的利益集团试图集中运用其资源来影响甚至左右大的公共政策，它们为了贯彻其集团的利益，给社会公共利益带来的效应可以是非常负面的。但是大型集团为什么会甘于受小集团的扭曲、操纵、挟持，无法与后者抗衡？这个"人少心齐，人多心反而不齐"的吊诡悖论被美国的一位政治经济学者比较系统地解答了。奥尔森教授（Mancur Olson, 1932—1998）的名著《集体行动的逻辑》（陈郁译，上海人民出版社

1995 版）揭示了其中的逻辑，我们不妨简述为：人们对其所属集团的认同和争取集团利益的投入同他（她）依存集团的紧密程度和分享集团利益的显著程度成正比。集团大而松散，对于形成有效的集团竞争力反而是不利的。因为成员在集团里的身份认定和利益份额变得淡薄，执着出力者逐渐减少，而搭便车者日益众多。

旅美多年的华人都会有这种体验，美式民主的效率并不在于其决断的迅速，这方面它的效率甚低，往往反复议而不决还要顾及多元利益的程序规制，替利益集团和钻营程序的空子开了各种口子。这里且举几个我身边的例子。洛杉矶的 105 号联邦高速公路，仅长 17 英里，修建它居然花了几乎 50 年，耗费 24 亿（当年的美元，以现值计肯定超过了 50 亿美元）。1993 年建成以来，它目前仍旧是全美国最新的一条联邦公路。在 105 号路近旁的 91 号路公路在联网到 405 号高速公被断了头，710 号高速公路也无法联结到 210 号高速公路，都差了不过 3 英里左右。原因是当地社区坚决否决高速路从自己的居住区域通过，惟恐噪音太大会造成房价的跌落。又如，加州天时、地利、人和堪称完美，它的经济产值若以国论，居全球第八，但近年来亏空累累，濒于破产境地。究其缘由，是入不敷出：开支（主要是政府雇员的薪酬福利不断攀升）节节升高，而税收（美国各级政府都不掌管赢利单位）停滞不前。我的一位教授同事，20 世纪 70 年代以 9 万元买下住房，90 年代中期他转往美国东部教书，但保留其住房，出租至今。他每年付给州政府的地产税仍然不足 7 百元，比当年高不了多少。而同样的房子，去年房价已经稳在百万美元以上，购置后的地产税约在 3 万元上下。因为相关法律规定，地产税对原有屋主的增幅非常有限。改变当时订立的这类法规在加州要所谓"超级多数"（70%）的赞成，因此几乎没有可能通过。讲起这等荒唐的优惠，那位同事自己都在摇头。

这种"富到破产"的经历，本人也遇到过一回。我家住在著名的橙县，人均收入超过毗邻的洛杉矶县几乎有 60% 之多，常被列入美国富庶县的三甲之内。1994 年县的财务长投资风险曝露过高，亏损可观，按橙县的居民计算，每个家庭平均得增税 1500 美金，才能弥补下来。但是县居民的多数决定是，宁可要县政府破产也不同意增税。这个决议要不是被当时的债务法庭驳回，认为债务人（橙县居民）有资源抵债不准随意破产。否则的话，部分的债可能就会被逃废掉了！事实上后来市面迅速改善，我们并没有交额外税金也就过了关。当时我在想，哇，公众的诚信原来竟是如此脆弱。

美国内部的头痛问题

今后相当长的一个时期里，美国人将不得不匡正自己在过去十年闯下的 3D 的祸（Debt、Deficit、Dollar），即如何解决欠债深重、财政赤字、美元疲软的问题；怎样用另一个 D（De-leverage）来降低杠杆率，把风险恢复到可控水平，将不得不付出很大的代价。鉴于美国民众沉湎于透支消费、福利薪酬高居不下、拒绝承担税负，而政府只能靠举债支出，以及受利益集团操控的情况来分析，通货膨胀、汇率贬值、失业高居、贸易摩擦、全球化的退步，都不难想见。

例如，奥巴马施政中首推的医保改革方案在国会的通过就艰难重重。2009 年 1 月麻省参议员补选时共和党候选人布朗意外胜出，形势丕变，因为他所赢得的那参院第四十一席具有转折意义，共和党就此赢得了所谓的拖延阻挠议事权（filibuster），可以迫使民主党的提案胎死腹中。跟踪这个案例来观察"拖延阻挠"是怎样制约公共政策的决定和公共品的，能够帮助大家了解美国民主体制面临的困境。"拖延阻挠"战术的基础是美国参议院常设规则第 22 条，它规定参议院通过议案需要经过充分论辩，只有在"相当多的多数"（目前为五分之二）认为辩论已经充分后，方能进入表决程序。议案的反对方因此可以运用自己的发言权作旷日持久的辩驳，拖延直到会期结束还不能发起表决，从而迫使议案流产。这种战术原来只是偶尔一用，从美国建国之初到南北战争的七十多年间，平均十年仅有一次；直到 20 世纪 60 年代，参议院对议案的辩论采用此法的，也不过 10% 而已；而现在的参议院几乎是无时不用，凡有可能就用。美国参议员是每州两名，不管州居民的多寡。例如，加州的一名参议员代表着 1900 万人，而阿拉斯加州的一名参议员代表的却只有 25 万人，却有着相等的投票权。我们假设出现极端情况时，20.5个人口最少的州的参议员联手起来就可以封杀国会任何一个议案，而这些州的居民加总起来只占全美的 11%，比加利福尼亚一个州的居民还要少！

美国的问题，说到底，和罗马帝国衰败的原因类似，不是被竞争对手超越，也没有强敌压境，而是"民风"的懈怠和利益集团相互牵制造成公共决策的瘫痪，即"内耗"所致。

美国这样民选产生的代议政府的素质，固然不太可能高出选民的素质，但也不会输于民众的平均水平太多。政府被利益集团操控的状况，一如民众的成板块状分裂为势力集团。三十年前卡特总统的名句，"政府只能是它的选民的代表"，像一把"双锋剑"，反过来说明民众也只配他们选出来的政府效能。不过这第二层意思却常被忽视，媒体等往往动辄指责，政府如何如何的颟顸低效，极少敢于指出其实根子就在民众自身。

美国民众享有世界最高的收入水平，人均能耗在人类平均的五倍以上，还孜孜以求物质享受。近年来储蓄率更降到了负值，靠透支消费，借的竟是中国这样发展中国民的辛苦钱。美国基层劳动力竞争力的趋下，从他们对基础教育的态度就能看明白，大学以前的美国学生每年读书时间比中国少了近 50 天；每个星期在学校学习才 32.5 小时，比看电视玩电游的时间还少；其中训练读、算、写等核心能力的时间就更短了。美国教育部长自己都承认，美国中小学生学习基础学科的学时甚至可以比亚洲的学生少了有 60%！

生产力不足以支撑其高收入和更高的消费享受，是当前美国一般民众的根深蒂固的问题。全球化竞争的压力下，产能不断转移到新兴市场并在那里建立新制造基地的过程，也是美国丧失就业机会的过程。即使这次经济衰退得到了恢复，美国失业率仍会高居。许多优秀企业从危机中乘势解聘低效的冗员，它们是不会再贸然增聘员工，重蹈困境的。因此，如何回复和创造有满意薪酬的就业机会，成了政府最严重的挑战。

棘手难题的诊治

问题是，美国人对以往的成功习以为常后，倾向于相信他们的生活方式是"上帝赐予的"，只能增进不可缩减，否则罪责就在政府（或别国）。政客为了获取选票，多方敷衍，加剧了官民之间虚与委蛇的"互动"。别说老罗斯福和小罗斯福时代政治家比较坦诚的言论会大失选票，就连里根总统讲过的一些"大白话"也不再能听到了。比如里根常讲的，美国"没有什么穷人，只有不幸的，和懒人"，意即你如果肯努力的话，除非病残，总能自给自足。如今再没哪个政客敢讲同样的话了。就连肯尼迪曾讲过的名言，至今经常被引用的"别问国家能为你做什么，问问你能替国家贡献点什么"，显然在"政治上已很不正确了"，奥巴马要是胆敢重复类似的话，就没有连任的可能。总之，美国人普遍寻求的是"国家能为我做什么"，"我替国家做点什么"则免谈。

结果民众的依赖心日重，国家机构日趋庞杂，而消耗的资源也越来越多。里根打出"小政府"的旗号后,这个趋势反而变本加厉地加剧了。评测政府在国民生活中的"权重",公允的方法是测量政府消耗的资源——财政支出和人力占用——占 GDP 的比重。以此衡量里根时代政府实质上有较大扩张。里根总统悟出一个道理,人们希望不劳而获,通过政府来转移享用其他人——邻人的、子孙的或外国人——创造的财富,却憎恶由自己来埋单,不愿意付税还债。于是从里根政府开始,政府大肆发债来支持预算(主要是军备)的大幅扩增,赤字财政自此一发不可收拾。两党诉诸的方向尽管不同——民主党主张政府主办各种社会福利计划来重新分配所得,而共和党则靠扩张军备和管束人们的行为来建立国际秩序,替美国工商利益特别是军工能源集团开道,都导致了政府权力的扩展。共和党所谓"小政府"或"问题就在政府"的说辞,不过是为了避免当期税收或者为了当期减税而已。两党不同方向上的赤字预算酿出了目前的困境:2010 年的财政赤字要占超过 GDP 的 10.6%(大萧条深重的 1933—1936 年,才不过 GDP 的 5%),平均一个美国人要负担 44000 美元,与一年的产出相当;累计财政负债达到了 GDP 的64%,到 2015 年将扩增到 6 万亿,很可能还会节节上升。而真实亏空应该是 60 万亿美元,即 GDP 的 3.5 倍~4.5 倍。政府所承诺的大项目开支,如已有的社会保障计划、医保计划、退伍军人计划、基础设施维护等,经费都还远没有着落。例如,仅仅维修道路桥梁等基础设施的支出今后五年就达 2.2 万亿美元,相当于各级政府年预算加总后的两倍。至于公众的总债务,也达到了 GDP 的 63%(2012 年将为 73%)。

民众没有谁愿意增加税负来填补政府的亏空。奥巴马政府提出要增加最富裕家庭(年收入超过 25 万美金)的所得税,落实了也只能弥补1%~1.5% 的财政亏空。美国即使立即停止阿富汗和伊拉克战争,预算开支也只能降下来不到 5%。因此在算术上,**增加中产阶级的税负势将不可避免,但在政治上这却完全行不通**。虽然美国各级政府的赋税占了全国 GDP 的 28%~30%（其中联邦政府为 17%），比起欧洲的平均水平低了至少有 10%，但要是哪个政党敢首先提出增税，立马会丢掉执政的权力和机会。美国近来勃兴的"茶党"草根运动，吵嚷非常厉害，使任何有增加中产阶级税收念头的政客官员望而却步。

结果是，要弥合美国政府的巨大亏空和民众的收支鸿沟，剩下了最可行的两条路：货币贬值和美元汇率贬值。

从平衡美国国内各种利益和势力集团的角度来看，这两条途径最方便也最可行。历史经验和学理认知都说明，通货膨胀和汇率变动都导致社会财富在不同人群和不同地区及行业之间的重新分配。简单地说，通货膨胀把财富从积累者搬向积欠者，汇率升值则把国际收支盈余方国内的财富从贸易部门搬向非贸易部门。想到在美国累计的国债里中国政府拥有的竟超过了 20%，真让人有点尴尬。

中美怎样互动

美国人是否有智慧和勇气来直面挑战？中国人是否有智慧和勇气去主动因应美国的现状及发展趋势，来争取双赢？

我首先的一个判断，先提出来求正于大方，是不能轻言美国已经走向衰败。美国人警觉到自己的毛病所在，并能认真批评和辨析本身（如上文中亚当斯总统的那段语录），说明了它自我纠偏的意识。奥巴马能在关键时刻当选总统，也展示这种潜在的活力依然健在。

从长程看发展，美国在人口规模上的成长是世界各国里最健康的。在发达经济体里，美国是唯一能保持"总和生育率"超过人口的简单规模再生产所需要的 2.1 的大国，并且国民的年龄结构能在较长时间内保持合理。在经济得以持续发展的这个关键方面，美国比中国等主要的新兴经济体，占有明显的优势。美国的人力更新，还得益于它对人才的吸引力，其他国家难以望其项背。美国每年约有一百万左右的移民入籍归化，其中有许多尖端人材和有生劳动力，他们的潜能在美国环境里得到开发、开花、结果。

美国的文化也许谈不上精深，但广为流布和接纳，在当今世界独占鳌头。例如，2008 年全球畅销量排名最前的五十部音像作品，美国就占了三十四部。美国的语言随着它的强势国力成为世界语言，成了气候，美语成了世界规范和各类博弈规则的支撑，在信息时代和技术进步互相促进，很难再被取代。

上述因素的交互作用，特别是市场有序竞争的激励下的多元参与，使得美国的创新能力，从工具和技术到观念和流程等各个方面，都非常活跃富有弹性。创新能力集中体现在美国的高等院校和研究机构，从机制到治理，从个性到团队，从独立自主到与市场互动，美国大学都是社会持续发展的动力源。假如按对文明的原创贡献来排名的话，世界的五十强学府里，美国可以占到三分之二（中国是否能有一所能够厕身其列都是需要商榷的），其地位之强固是不容低估的。

有鉴于此，中美如何互动才能够双赢？下述几点起码得纳入中国的战略思考：

- 美国透支消费＋中国出口导向及消费内抑导致的互动模式不能再继续下去了。其严重制约之一是美国用自己印制的美钞来支付入超的欠债。改变这个模式需要双方的努力。中国民众的消费水平逐年下降至目前占 GDP 不足 40%，转变的可行性相对来说更大。常言道，由俭入奢易。扩增内需不但在短期内能缓解中国出口的冲动，说到底，经济长期发展的目标本质上毕竟是为了丰裕国民的生活。

- 中国参加国际合作及竞争，其要素贡献主要为劳动力，而劳动

力的附加价值的发挥，必须结合自然资源的充分供应和劳动力
素质的持续提升。

- 广泛开展对劳工的职业（技能和素质）培训，大幅减低劳动力
  市场流动的限制（如实施更有弹性的户籍制度），并积极调整一
  胎化等人口控制政策。

- 积极消化积存的美元多方购买外国的能源和矿产资源。自然资
  源国再把出售资源给中国得到的美元收入用来归还它们的美元
  债务，从而平衡国际的流动性和发展结构。

- 直接向美国大规模派遣公费大学生、研究生和学者，着重学习
  美国基础科学和工程学，尤其是组织、流程、法规建设的技术
  和经验（惯常的进口无法带来这些软技术）。国家全面资助留学
  生，在专门领域深入学习技能。提升优秀国民的潜质是收益率
  最高的长期投资，对中国的崛起和持续发展将意义深远。同时，
  购买美国的教育培训将受美方欢迎，有助于化解美元贬值的
  风险。

- 从战略互动的高度来认识经济举措，如汇率政策的制定，而非
  局限于进出口的规模或经济效益的考量。

- 认清中美在长期发展中的互补性，并坚持这种互补关系的理
  解：双方的发展阶段相距甚远，诉求各异，不应该形成"零和"
  博弈局面。

- 竭力避免导致武力的冲突。美国的军事机器明显领先世界，打
  赢正规战争或全面冲突当无悬念。由于美国的军工势力集团会
  谋求甚至创造藉口迫使纳税人掏钱、政府埋单来扩张其盈利。
  这说明了，充当美国转移国内矛盾的替罪羊，或者美国军事纷
  争的假想敌，乃有百弊而无一利。

新格局下的资源分配

对手的评价

自 2008 年国内对开放三十年来的成就和经验做了许多回顾,有不少总结得很好,依据的主要是统计数字、案例分析、政策历程以及对参与者——有民众也有关键决策者——的访谈。还有一种方法,我以为,同样有效但却被偏忽,那就是竞争者们对我们的真实评价。全球经济生产供应链的不断深入,分工和整合并举,加剧了国家之间博弈互动,既有合作更是竞取。因此,竞争同行对中国发展的"观感"就非常值得我们的关注和琢磨。了解它们,对我们发掘合作的潜力,预防可能的摩擦,制定明天的方略,都会有帮助。怎样去把握这类"观感",辨别哪些是真实、综合、有代表性、会影响博弈的条件及其结果的,并不是一件容易的事。

主流媒体里的权威期刊,比如英国的《经济学人》和美国的《财富》杂志的评述是这里"观感"的代表,可以作为辨别我们发展成长的方向和程度的"风向标"。相对其他媒体,它们更关心大战略趋势和探索彼此的内在驱动力,而比较不自迷迷人地纠缠于逐日的波动;它们有能力做长期的观察和策划，事实上也经常作出不少有深度的专题报告。比如，《财富》最新的主题故事《中国并购世界》，以及《经济学人》的上一期的专门报导，题为《令人担忧的报告：中国和美国——怪异的一对》，就展示出这种功力。

这两份期刊，广为英美乃至各国的工商界和政学界领袖所倚重。两者均以严谨著称，持其固有的价值观、意识形态、视角和方法，它们对中国经济发展的"观感"在时间上有高度的一致性，对我们衡量自己的进步，起码是一种足资参照的"佐证"。

纵观《经济学人》和《财富》这三十年来对中国的深度报道，人们不难觉察它们有如下的进程，演进大致分几个阶段：担忧——漫无所谓——怜悯——鄙视——蔑视——惊讶——认真对待——刮目相看——称许及合作——羡慕及妒忌——？

改革开放之初，美英等发达国家对中国的担忧主要有二：（1）发生粮食危机怎么办，中国人民不能自救的话其谁能救？会不会殃及全球？（2）是否会受意识形态的逼使，重归苏俄怀抱，再度打破世界的战略平衡？

当看到中国的社会秩序趋稳，两大期刊的态度变为，"让他们自生自灭吧，只要相安无事不添乱就好"。对经济合作的期望则甚低，看到商机勇于投资的在当年多半是海外华裔。中国在稳定和开放的环境下，经济和社会迅速活跃起来，发达国家的"观感"渐渐变为同情，就像看到一个残缺的人正试图奋发自立起来，颇有加以援手的冲动。

然而，当他们看到中国表露出再度雄起的自信心，尤其是有她自己的想法和路数，不全听命于美英等替欠发达国家制定的模式时，他们的观感便转向鄙视，如同一个自命的大导演，看到一个穷小子不肯扮演分派给他的"跑龙套"角色时的心情；"大导演"很快发觉，中国不惟不肯就范于"跑龙套"的配角，而且还在自编自导时，就断定中国很快就会遭到"不听大人言"的报应，带着自以为正当的鄙视之情。尽管两三年间，预言中的"报应"没有应验已经很清楚了，彼等还是在惊讶和错愕中多挣扎了好几年。在那段时间，你不妨回看，自相矛盾的报道和评论在两个权威刊物里频频出现。

然后到了90年代中期，积十五年的辛劳，中国开始起飞。两刊看得清楚，并明白无误地发出信息，让它们的客户群体正视中国的发展，要认真对待正在浮现的合作机遇。其时，明达的大小商人先出击几年抢滩到了大陆，跨国公司不乏成功的案例。诸如肯德基、安利、西门子、本田、IBM、沃尔玛，等等。不过运作最有成效的还是数以万计的海外华裔资本主导的风险企业，它们的经营，或多或少，是以华人传统中的关系价值为依托的。这迫使两份期刊去琢磨他们所不熟知的"非规范的"运作方式，包括政府机构在其中的角色和作用。

愿意放下身段，"刮目相看"欠发达国家的"非规范"发展经验，对向以西方社会经济产业界的眼、耳、舌自居的权威学者和传媒人来说，并不容易。这反衬出中国不但做得出色，而且经久地经受住了检验。这段时期里，两份刊物对中国经济发展的评价，最值得我们分析，因为它们评论中出现的认可甚至称许，是真切的而非浮于辞令。从他们"观感"的演变可以看出，后来者大可以居上，中国也可以为世界提供新鲜经验。在此之前，西方的媒体是如此执迷于"华盛顿共识"。建筑在"里根经济学"和"撒切尔经济学"的假定之上的"华盛顿共识"甚至被认为是TINA，即唯一的发展路径。TINA是英国前首相撒切尔夫人的口头禅，"There is no alternative!"译成中文，是"想要得救，就此一家，别无分店"的意思。

如果说"称许"是一种肯定，那么真正的肯定却是"妒忌"。在经济博弈，一如在体育赛事里，对竞争对手的高度褒奖就是对他的"妒忌"。当然，人们或许更乐意看到的是"羡慕"——妒忌的温和版本，不过它总和"妒忌"混杂，近在咫尺之间。从另一个角度，竞争对手"妒忌"的观感，要比"漠视"、"鄙视"好得多，比"同情"也强得远。别人的"妒忌"明白无误地表示，竞争正充分地展开，而你已经在领先。

确实在近两三年，我们在《经济学人》和《财富》的报道和评议里频频看到了"妒忌"的讯息。尤其是 2008 年经济金融危机的爆发和拯救，中国不但能迅速走出低迷，而且能够用开放以来积累起的辛劳和财富，资助美国去"脱困"。对中国三十年来改革开放政策的成就，难道还能有什么比这更高的肯定吗？有的，那就是"尊敬"。虽然还不太看得到两份期刊对中国表示出敬意，但我们深信，中国若能"谦虚谨慎、戒骄戒躁"，并致力实干，它对世界经济甚至文明的贡献将赢得"尊敬"。

这是一项艰巨的挑战，须知"敬意"是人世间最为稀缺的资源，是一切人际成就的正果。

先来看《中国和美国——怪异的一对》，《经济学人》的这份长篇专题报告，里面处处难掩"妒忌"。如前所述，这不是件坏事。《经济学人》已经把中国提到了世界第二的地位，并认同美国和中国的合作和互动是今后世界发展和稳定的主轴。同时，《经济学人》也没有忘了提出，两国的"联姻"是怪异的（the odd couple），从价值、理念、体制、环境，到个人消费、生产组织、资源禀赋，两者大相径庭之处极多，摩擦龃龉甚至纷争冲突的可能性所在多有，不容太过乐观。它的警示和提醒，应该成为我们的镜子。

2009 年 10 月美国出版的一本新书，也谈中美的合作，名为《超级聚变》（Superfusion, 副标题为"中国和美国如何融合成为一个经济体，世界的繁荣将有赖于斯"）。作者 Z. Karabell 则乐观得多，征引了许多实例和数据来推销他的论点。作者显然有意迎合时势，希望能够引起"热销"。他是个中国通，但非"老手"，其见解和数据也是转引的居多，第一手的认知不足。他明显地引用了 S. 罗奇的论证和数据。

　　罗奇的"老辣"则不容置疑，他对世界及亚洲的经济市场走势的论断也是屡试不爽的，在国人中的可信度相当高。为此，他被任命为大摩的亚洲区董事局主席。罗奇对中国发展的观感相比《经济学人》的要达观，"妒忌"和"尊敬"兼而有之，但比《超级聚变》要老到得多。罗奇把他几年来对亚洲及中国的观感评述积集成册，题为《亚洲明日》(The Next Asia)，于九月在美国出版。书中最末尾一篇，曾发表于 2009 年 2 月 15 日，代表罗奇的最新观点，题目为《醒醒吧，美国和中国——共生关系的压力测试》，告诫了两国在过去二十年融合成的"共生系统"，实在有待大幅调整。除了美国透支和借贷消费和中国巨幅出超和超额储蓄的互动模式不再能够持续之外，其他必须进行的改革还很多，否则是不可能应对未来更艰巨的挑战的。

　　限于篇幅，这里不能展开对两书的评析。在《超级聚变》的结尾章节里，作者用了 Chimerica（意指中国＋美国聚合而成的共生体，不妨直译成"中美里加"）来表示世界经济将来发展的主轴。Chimerica 一词是英国著名经济史家 N. Ferguson 在他的《货币的兴起》(The Ascent of Money) 一书里铸造出来的。它的源起是 Chimera，希腊神话里的怪兽，有着母狮的身体和头，尾巴是条蛇，脊梁中间长出来的一只朝后看的公羊头。涵义很明显，面对挑战，中国和美国人如果有智慧有远见，就能引领世界，赢得尊重；否则变成不伦不类的怪胎，也并非没有可能。

要素的贡献和竞取

　　接着来分析一下《财富》最近一期的专题报导《中国并购世界》所传递的讯息，封面的图画，用一只有五星的红色购物袋把整个地球给装了进去，表达的观感不能更直白了当了。

在《亚洲明日》里，罗奇再三批评，过去三十年来经济环球化互动的主轴模式——美国的超级透支消费＋中国的出口导向及消费内抑导致的出超——不可能再继续下去了。和《金融时报》的首席经济评论家马丁·沃尔夫不同，罗奇的观感颇友善并具建设性。他的先见今天已成为尽人皆知的事实：中国不单是美国最大的贸易入超国，更于2007年取代加拿大成为美国第一贸易伙伴，去年越过日本而握有最多的美国国债。比规模所反映出的问题更严重的是，美国支付入超欠债的是她自己印制的美钞，而中国的美元债权绝大部分为官方所持有。罗奇盼望这次经济—金融市场的世界性崩塌能成为中国发展导向转为内需的契机，推动两国做结构性的根本改造。然而他失望了。

中国经济迅速走出阴影恢复增长，依靠的是政府的提振，集中在基础设施和出口刺激的投入，居民的内需并无根本性的改善。目前的状况，好比一个烟民被怀疑得了肺癌，表示决心戒烟；但严重的喘咳稍有缓和，初步诊断也认为即使有癌症也在早期，于是吸烟依旧。在罗奇看来，病患酿成绝症恐怕是迟早的事情。

不过，罗奇（其他的"医生"也一样）并没有提出什么高见和步骤，来取代目前不可持续的互动模式。美国的问题在于，改革的空间狭窄，由奢入俭谈何容易！拿底特律的汽车工人为例，他们的难题是不再能找到每小时60美元（薪资＋福利）的就业机会，却不愿为时薪25美元再工作了，即令同样的工作在西安或广州的报酬还不到5美元；中国的问题同样深刻，居民的消费水平逐年下降，目前占GDP的比例不到40%。虽然转变的可行性要大些，由俭入奢总比较容易。

至于两国的政府精英，殊途同归，都面临最为挠头的问题：怎样充分动员国民的潜能，使国力得到综合提高，然后成长可以持续和充实？中国的战略调整事实上已经开始，政府仍在唱主角。努力的两个方向是：在全球范围整合资源的供应；建立并扩大亚洲的人民币通货区。

　　两个方向的战略出击，是环球经济竞争发展到现今阶段中国必须采取的反制举措，金融海啸的冲击催生了出击的时机而已。它们将影响中国下阶段的进展。不要说这类反制战略是国家的主权行为，只能自上而下；即使是民众的消费转型，若没有占据战略主动的大环境支撑，也很难收到成效。但要是在内需成为总需求的主力这个坎还没过，良性循环尚未形成之前，发生产能严重过剩、失业陡升、居民收入锐减，中途熄火煮出夹生饭的话，则是人人畏惧的。

　　"中国并购世界"专题报告比罗奇有远见，可能是《财富》几年来最到位的对华分析。报告中指出，过去十年间中国并购海外资源的 1150 亿美金里，2007—2008 两年发生的占其四分之三以上，2008 年的海外投资又超过 2007 年一倍。这个势头在扩大中。他例举了金额超过 2000 万美元的 122 个大项目，中位值为 1.59 亿美元，其中矿产项目 36 个，能源项目 32 个，金融项目 18 个，超出项目总数的 70%，而且超大项目均属此类。另一个值得注意的动向，是投资越来越移向发展中地区。如中国和非洲的贸易额在 2008 年上升了 45%，达到 1070 亿美元。中国在伊朗、巴西等国家的资源合作，增幅更加迅猛。对照鲜明的是，中国问津发达国家的投资收购项目，要么受阻于对方的行政干挠：从海油并购洛杉矶的 Unocal 和中远并购加州长堤港的计划，到中铝增持 Rio Tinto 和吉利并购 Volvo 的尝试，都是夭折于对方政府的限制；要么受挫于交易对手的"高明道行"：如入股 Blackstone 或 Morgan Stanley 导致的困窘。说明在评判投资项目时，对投资对象的法规环境和"制度成本"，我们必须知己知彼，有清醒的认识。

　　环球竞争及合作的形式不管怎样翻新，经济生产的结构其实并没大变，每个国家主要扮演三种角色之一：要么贡献自然资源，要么贡献劳动力，要么贡献资本（技术），乃按生产要素的提供来划分。很明显，中国、印度等国家主要贡献劳动力，巴西、俄罗斯、沙特阿拉伯、非洲诸国等贡献的主要为自然资源，而发达国家则主要贡献资本（技术）。像澳大利亚、加拿大等国似乎身兼两任，但它们的比较优势还是在组织和管理方面，资源在其优越的制度保护之下身价倍增。同为经济强国，日本和美国发展前景很不一样。美国的资源丰饶、空间广袤，有纵深的内需市场，藉此广揽人才，使它的制度建设更有弹性，从而长期来都能进退裕如。日本则不然，匮乏于资源，人员也高度划一，受挫时容易陷于困顿。由此来看，加、澳、美等国家，相对有制度和人才上的优势。俄罗斯和巴西等有着自然资源的"恩赐"，发展前景也都宽阔。毕竟，自然资源是恒久的禀赋，反观个人的信念行为以及人群的制度安排，相对比较容易重塑和提升。有了这层认知，我们就不难理解为什么中国在全球购买能源和矿藏资源，会引起对手如此严重的关切。

所以得认清，越过小康的门槛进入富裕的自我良性循环之际，中国要发挥她亿万劳动力的潜能，必须结合充足的自然资源供应。受到经济危机的重创，发达国家的资产减值、信用枯竭、资本萎缩，在自顾不遑的情况下，许多矿产和能源收购机会才出现在市场上。若能抢先一步，在其他国家（比如印度）之前进行收购，价格条件再不理想，在战略上也是非常值得的。

至于并购完成后怎样有效管理这些海外资源，又是一个艰巨的挑战，我们下期来探讨。

经济的长程博弈和人口政策

国家之间合作—竞争的利弊，往往取决于战略制定的高下，对于决策者这是极具挑战性的使命。150年以前德国名相俾斯麦就告诫，"切记要当骑士，切忌沦为坐骑！"对环球竞赛是普遍适用的，无论格局的新旧。赢得普法战争后，德国就野心勃勃要翻身上马，但经过两次世界大战反被掀翻在地；英国虽然惨胜，却在美国的压逼之下交出了殖民疆域（如印度、东南亚等），首席交椅也不得不让给了后者。在新的格局之下，博弈文明了许多，也更有效果，竞争不再靠武力征服，而是集中在经济附加价值的生产和分配上面。

上期我们提到，怎样充分发挥庞大人口的潜力，对于中国这样以贡献劳动力为主的大国的持续发展非常重要。整合自然资源的供应，和建立区域性的人民币通货区，是两个不可少的战略举措。至于能否产生成效，则要看我们的管理能力。先举一个例子来说明。

眼下在国内巴菲特已是名闻遐迩，而 1995 年我在《上海证券报》的专栏上连载评论介绍时他还鲜有人知。让我们引述他 2003 年 11 月在《财富》的寓言式的文章《贸易赤字使美国沦丧》，传递的信息极为丰富，值得反复研读。文章里有三个告诫，充满着睿智和远见：（1）巴菲特在 1987 年就开始呼吁，美国透支消费的风气不可持久。贸易赤字逐年巨幅递增后，他 2003 年再次大叫"狼来了"。他确信美元将会随即贬值，于是剑及履及，在 72 岁（2002 年）那年平生第一次炒汇。（2）巴菲特把美国和它的贸易伙伴比作两个岛国——"靡费岛"和"勤俭岛"。"靡费岛民"好吃懒做，大量进口"勤俭岛"的产品，欠下的巨债用债券支付。后来"勤俭岛"感到"靡费岛"的债券风险太高了，于是拿"靡费岛"的债券买它的地产和物业。最后"靡费岛"的资源尽为"勤俭岛"所有，岛民及其后代不得不重新苦干来抵还欠债。（3）巴菲特以日本为例，对美元的前景作了预测。他认为日本对美国的巨额出超，得到的对价只是美元而已，美国人的损失不会太大。除非抑制日本对美国出口，它消化美元的出路只有两个：a. 增加从美国的进口；或者 b. 购买美国的地产和资源。若采用 b，则形成上述（2）里面描述的情况。若日本以美元去购买第三国比如巴西的资源的话，那么美国的债主就从日本变成巴西，债主换了，还得持有美元，除非巴西从美国进口。

这三个告诫的内涵，要比许多繁复分析和长篇议论还能说明当前问题的症结。巴菲特的伯克希尔控股集团在 2003 年就从外汇买卖上获利 8 亿美元，证实这位哲人警告的美元贬值就在当下，远非什么杞人之忧。他批评美国人借贷消费，把债务推向后代。至于美国的资源是否会逐渐落入"勤俭国"的手中，以至于美国人不得不打工还债的警告，要过久远才会成为可能。因为美国人的欠债是用美国印制的美钞来偿付的。结果就如巴菲特所言，债权国除了购买美国的东西之外，是无法摆脱美元的。

把这三个告诫合在一起来考虑，人们不难得知，收购发展中地区的资源要比贸然进入发达地区运作要来得安全和可靠。日本就曾被很好地上了一课。20 世纪 80 年代日本制造业横扫美国市场，巨额的出超，加上国内房市股市一片腾涨，使得日本人相当陶醉，他们急欲用手中的美元来购买纽约、洛杉矶等的地产。哪知道金融这行门道深奥，日本人就像学柔道，刚刚拿到黄带，就要和华尔街的黑带柔道高手过招。洛克菲勒中心收购案等例子说明，华尔街可比电影《地道战》里面的"高家庄"厉害得多，日本人陷了进去，三两下就被踢将出来，身价还被"腰斩"有余！收购发达地区的其他企业，管控很不容易做到有效。比如，明基收购西门子的手机业务，被德国的劳工法规搞得灰头土脸。

不能以为购得资源就能获取预想中的附加价值。产权说到底是一种法权，法律名义上的拥有，并不保证就能实现其潜在的经济价值。环球竞争中的比较优势，在以前被解释成"禀赋的不同"，现在则被含混地解释是由"比较成本的差异"造成的。殊不知"比较成本"的核心部分正是"制度成本"和"组织成本"。

收购发展中地区的资源后，也需要切实具体的管理来降低这些成本。有效方法之一是向这些地区移民，传输组织文化和价值认同，并建立配套的企业和设施。只有与当地的民众凝聚成共识，被收购的资源的长久效益才能稳定分享得到。要达到这个境界，移民需要携带大量资金前往。为此，国家应该提供低息或免息的长期信贷帮助他们发展。对于发达地区，则应该派遣学生，学习彼等在组织、流程、法规建设的经验，这些软技术是无法靠惯常的进口来获取的。为此，国家有义务全面资助，大规模派遣留学生就专门领域展开学习。中国拥有大量勤勉、好学、迫切改变自身境遇的优秀人力，提升这部分国民的潜质，是收益率最高的长期投资。同时这类投资不会引起太多的摩擦，成本低，尤其能消化美元，避免坐待美元贬值的风险。

这样我们就回到了国家长程发展中最关键的一个因素：人口的增减趋势（demographic growth）。经济意义上，大致来说，人先是"人口"，然后是"人手"，然后才是"人脑"。上述的投资移民及留学生派遣的建议，是变"人手"为"人脑"的策略。

著名的马尔萨斯"人口定律"认为，在生产力低下时，"手"（生产者）的生产仅能维持"口"（消费者）的生存，而后者的增速远远超过前者，任何丰年的产出很快就会被接下来急增的"口"吃光，而"口"的暴增终将被饥馑、瘟疫、战争、灾难平衡掉。人类组织经济生产一万年以来，世界 GDP 的年增长率几乎为零，在 0.01% 左右。除了极少数精英分子，人活得与牲畜无异的悲惨境况，直到 1750 年左右才有了转机。

英国发轫的"产业革命"的成因为何，直到今天还是众说纷纭。有一种解说，以"口"与"手"的比率为基础，认为英国的庄园主终于明白，多子女的大家庭事实上是对持续富裕的诅咒。虽然英国实施"长子继承权"制度由来已久，但富裕的家庭后代较多，且活得更长些，导致"口"超过"手"的积累。财富积聚屡起屡扑，始终无法超过原始积累的临界规模而起飞。这个至关紧要的认知深入人心后，文化选择就取代基因的自发扩张，成为经济发展的主要影响，富裕家庭的子女数开始一反常态，降低到社会平均水平以下。结果用了 130 年，英国的总和生育率从 1800 年的 5 个减至 1930 年的 2 个。

"总和生育率"（total fertility rate）衡量的是一个社会的育龄妇女（15—49 岁）一生生育的子女的平均数。人类社会（常以国家为单位）维持其人口规模所需要的总和生育率为 2.1（比 2 略高，是对早夭及其男婴的自然出生率略高于女婴的补偿。欠发达地区的补偿要大些，简单替代水平的总和生育率要求在 2.33 左右）。当今的发达国家纷纷追随英国的前导，在百余年间完成同样的过程。和马尔萨斯的预言正相反，经济资源丰裕家庭的子女平均而言，不是更多而是更少。这个效应，给了欠发达地区人民强有力的文化示范。比如韩国，只用了 20 年（1965—1985）的时间就完成了同样的历程——把总和生育率从 5 人减到 2 人。

中国认识"总和生育率"的观念，过程相当艰难曲折。早在"康乾盛世"，中国的经济规模约占全世界的三分之一，然而人口更其庞大，人均生活水平仅及欧陆的 60%。一般民众活得非常困苦。然而，传统伦理以"孝悌"为上，助长了大家庭的"非经济理性的"持续。而意识形态的历史之争，更使情况复杂化。新中国成立之初，受到批评中国的贫困乃由人口过多造成的刺激（例如，美国国务卿艾其逊的"白皮书"），更加强调只要搬掉了"三座大山的压迫"，人的"手"就足以供应人的"口"。

终于，人们明白"口"太多，什么都成白忙时，"一胎化"政策就水到渠成了。开发以来经济建设的飞速进展，"人口红利"的贡献最为显著，严格的人口控制政策功不可没。据联合国的估计，中国的人口控制有效减少了 3—4 亿的人数增加。改革开放以来的经济转型，幸运地得到了中国人口的"黄金时期"的支持：全体人民的中位年龄在 20 至 40 岁之间，社会的"抚养率"很低。但是"黄金时期"正在迅速消失中，下一代人，独身子女居多，在进入工作年龄时，将发觉他们要抚养的人群是非常庞大的。这是"一胎制"长期执行的代价。怎样缓解,是一个非常棘手的问题,需要立即进入研析和决策的程序。问题的紧迫性,可以从下面的经验数据间接看到:

东南亚各国(除菲律宾外)的总和生育率都在迅速下降中。如孟加拉国,在1980—2000的20年间从6个降为3个。总和生育率的锐减甚至发生在印度南部。

又如,伊朗的总和生育率在1984年还高达7个,2006年惊人地降为1.9个,在首都德黑兰地区更只有1.5个;

经济统计分析发现,总和生育率的下跌从人均收入1000—2000美元开始,在4000—10000美元的水平时接近维持简单规模的2.1,然后继续下行。目前世界上已有70多个国家的总和生育率低于2.1,而在1970年仅有24国,其中包括一些非洲国家。我们先前以为低于2.1的总和生育率只会发生在欧洲和日本,美国例外地维持在2.1附近,是由于它吸引着大量移民,没想到现在竟成了韩国等许多地区的主要忧虑。社会的迅速老龄化,加重了忧虑的紧迫性。

即使立即松绑,总和生育率回调的经济效果也要隔一代才能体现出来。"一胎化"政策执行了30年,压制解除后,能够弹得回来吗,是否有弹性疲劳的问题?即使从来没有过刚性约束的地区,如伊朗、孟加拉国之类,文化价值的变迁以及经济收入的上升,育龄妇女是否有意愿恢复多生子女,已然大成问题。

总之,在世界范围显示出来的这种人口变迁的规律和趋势,无不敦促我们在人口政策上改弦更张。

市场博弈的简单原则

衰退完结了吗

这场经济萧条算完了吗？除了吃饭睡觉，你的很多决定都取决于它：储蓄、买房、炒股、换工作、退不退休、去不去度假、孩子的出路安排……最近我国南部沿海地区的台风可以作为类比。风暴还在肆虐时，渔民是不会出海的，不管他在风暴发作前是安然逃离了，还是受到过重创。这个大问题没有答案之前，人们怎能安心？

到了 2009 年 8 月，大多数美国经济学家都认为衰退在六七月份就已告结束，美联储和 OECD 组织也宣布了这样倾向性的意见。最近的统计数字更提供了增强信心的佐证：美国劳工部 8 月 11 日公布的数据说，美国第二季度的生产力大幅提高，按年率调整，竟达到了前所未有的 6.3%。要知道，2000—2008 年美国生产力的平均年增长率也不过 2.6% 而已。8 月 6 日公布的失业率数字也表明略有改善，从 9.5% 降为 9.4%。比起其他的统计值来说，这两个前导市场的数据对可持续的经济发展更有意义：前者标志着真正的成长，而后者预示着实质需求的源头而且关乎社会的和谐与公平。

　　然而美国大众并没有明显感受到经济的改善，他们做判断的基础当然是自己的"微观"感觉。美国常说的一句笑话，"外国人失业是竞争效率，邻居失业是市场走软，家人失业是经济衰退，自己失业才是真正的大萧条"。反过来，中国印度再度开动，就业数据有所好转，邻居家人重返岗位，自己却无法找到工作时，你会觉得经济真正好转了吗？

　　不过千百万人的感觉加总起来，还是很能说明问题的；反之，统计数据的误导和扭曲也不少见。先来看看失业数据 0.1% 的改进是否可靠，且不说些微的改善出乎政府官员和专家学人的意料。人们发觉，大约有 40 万的失业人员退出了找工作的行列，因此没有进入本次失业统计的视野。还有近三分之一的失业人员（达到创纪录的 500 万人）没有工作已超过了 27 个星期。一般来说，失业时间越长，重返工作的机会就越渺茫，对就业率的持续改进是个挑战。

　　再来看看生产力（productivity）是怎样计算统计的。生产力的计量用的是产值除以劳动成本的分值，同样的高生产力可以由扩大的分子除以同等的分母，或者同等的分子除以缩减的分母来获得。增速快的分子除以也在加大但相对不那么快的分母是件大好的事情，这往往是生产技术进步带来的，大家在追求"真的"生产力提高；而停滞的分子除以萎缩的分母则绝对是件坏事情，生产力的这种"提高"，各国都避之唯恐不及，其实质后果是生产和消费规模的衰减。

　　美国的政府和民众担忧的是这类"丧失就业的复苏"（jobless recovery），他们的担忧很有根据。统计表明，经济衰退恢复后就业回到衰退前水平的时间越来越长：美国在 1980—1981 年的经济衰退，就业恢复期是 7 个月；1990—1991 年的经济衰退中就业恢复用去 29 个月，而在 2001 年开始的经济衰退则耗费了 55 个月才恢复到以前的就业水平。

这次萧条复苏后得要多少个月？

事实上，美国低端劳动力的生产力越来越不容乐观，随着竞争格局的全球化和产能在世界范围配置的合理化，美国蓝领们的劳动成本越来越不能托庇于国家和工会的保护而维持在高昂的水平。我曾说过，底特律的汽车工人凭什么维持其 70 美元的工作小时费用，还能够和长春、广州、上海、西安或印度某地的汽车工人来竞赛，那里工人的每小时平均成本恐怕不到 6 美元。难道汽车购买者会接受吗？汽车供应商能不做相应的调整吗？其实，无论是高端还是低端的消费品，在美国的生产的话劳力成本都嫌过高。不用说高尔夫球具大都在东莞生产，游艇的制造也在从韩国移向中国内地，即使连家常吃的草莓桔子，通常也是由没有身份和保障的墨西哥季工在美国的田里采摘的。

因此，美国要完成实质性的复苏，继续成为引领世界经济的引擎，考验依然严峻。奥巴马政府深知恢复充分就业是其中的重中之重，否则良性的持续增长、社会的公平和谐，最终都会落空。另一方面，以衰退为契机裁撤生产力较低的员工和作业，忙着调整产能结构使之更具盈利能力的企业，却不会轻易改变这个进程，它们在美国国内增雇或回聘劳力成本过高的人手的意愿会进一步下降。以此观之，美国要进一步改善它的就业状况和真实生产力，仍然面临挑战。

我们之所以需要密切关注美国的变化和进展，是因为美国是我们的"三重皇帝"，这个"皇帝"在这次经济危机里被人看到也在光着膀子，虽然它常常令人相信美国的新衣从来是最美的。不过，"皇帝"同时还可以是我们的老师。如果我们肯虚下心来学的话，美国的经验，无论成败，对我们都会有用。我们自己的问题也不少，看似不甚紧迫的其实却在日益紧迫，不是吗？

红海还是蓝海

我们上期谈到，风暴还在肆虐时渔民是不敢出海的。那么风暴平息后，他们又应该到哪里去捕捞？这个问题同样不容易回答。大家恐怕必须明白，风暴震撼过后的海洋——即我们关心的市场环境——已经发生了根本性的改变。从中国人参加国际博弈的角度来审视一下美国的市场将呈现的变革，对我们会有益处。

首先，美国的消费形态无法像以前那样持续下去了，这将影响消费、储蓄和投资选择。2007 年尾，经济萧条爆发的前夕，美国人的（个人）消费达到了 GDP 的 71%，三十年间增加了 10%，这是一个惊人的水平。与此同期，美国民众的储蓄率从 3% 以上滑跌到了 0%（2005 年底曾为负值）。他们凭什么寅吃卯粮地靡费？靠举债。当美国国内讨论举债消费的弊病时，常常会替子孙后代叫屈，说是未来的几代人将不堪重负。细看之下，事情并不那么单纯。年幼者没有创造收入的能力，更别说还未出生的后代，他们尚需抚养。准确一点说，是美国借了同时代其他国家的人积蓄起来的钱，可能得要儿孙辈去偿还。任何将来发生的事都存在"或然性"，儿孙是否有能力、有意愿来偿还父辈过度消费的欠账，固然是一回事，但这些债务乃由美国自家印制的钞票来计值来结算的，则是不移的事实。美元贬了值会怎么样？普遍的通货膨胀后又会怎样？儿孙们绝对会令债权人一起来发愁！

美国人眼下也尝到了大规模超前消费的一些痛楚。（1）已欠下的债务中来不及推给儿孙的那部分，现在还是得还，而且利息相当沉重，弄不好是会被即刻清盘的。（2）再要举债，即便是借新还旧，空间越来越狭窄，借贷成本也会随着风险急剧升高。看来别无选择，撙节开支增加储蓄是唯一可行的出路。这个倾向强烈地反映在美国人储蓄率的陡增，一年不到的时间里从 0% 增加到了目前的 4.5%。

对中国这有什么直接的影响？美国人消费形态如果真的转向，将加速遏制我们依赖外国举债消费带来的出口规模，即使我们频频削价也不再可行。我们实在也没有必要这样做，我国居民的储蓄率高出 40%，而内需消费不足 GDP 的 40%。一方面，自己的国民嗷嗷待哺，营养、教育、健保、环境生态、设施和制度的建设……都需要大量投入；而另一方面，却让艰难积蓄的财富趴在以美元计值的账面上。改变这种倒悬局面必需扩增内需，让国内的生产首先提升国内的消费，然后国内的需求又催生国内的供应，生生不息地良性互动。

其二，市场运作的游戏规则将显著改变，这将影响产业结构、市场探索等选择。将来如何堵拦金融交易的风险漏洞，具体措施还在检讨，但政府疏于监管是酿成本次市场崩塌的祸首之一，则是各国高度一致的观点。美国政府出资救市，实际上已经接管了许多核心大企业，即使在收回资金后，国家的影响并不会就此退出。之前的布什政府听任资本以效率的名义到处冲荡的初衷被打翻，在奥巴马任期内将有大幅逆转。医保福利、就业平权、环保能源等已成为施政的主要目标，强调社会公平的措施将重新抬头。

这对经济竞争格局，无论是资金、人员、商品、技术在国际间的流动，从流量到流向，都会产生重大影响，从而改变开放以来我们所熟知的市场环境。这很有可能会加剧我国已在开动的核心产业国进民退的集约化，民间的市场探索活动因而也将走软。

其三，就业日趋分散，越来越多的工作职位将流出大企业组织。这将影响日后的职业发展道路。受着网络等信息技术的支撑，这个趋势在美国由来已久。据统计，美国就业人口中目前有 31% 属于所谓"自由职业者"，多达 4200 万人。他们不再屏蔽在某个大中型的组织内，听命于上级的工作分派，而常常是自己的老板，身兼数职，弹性工作时间，随工作机会的水草而居。这种正在兴起的合作关系对人们的知识技能、沟通运作、自我管理都提出了新的要求。

我们的教育系统需要辨识这种趋向，及时做相应调整，使下一代有更适应市场的训练。怎样把员工从生产线上的一颗螺丝钉提升到具有高附加值的创造能力，是综合竞争国力的一个重要内容。就个人而言，父母要能清醒地预期这个变化，合理辅导自己子女的长远职业发展，领先于市场。

其四，今后的经济波动可望加剧。这次危机的平息，靠的是各国政府发票子。对于止血解套力挺市场信心，它无疑是奏了效的。目前来看，市场受着震慑，消费和投资都是畏葸不前，有通缩的表象。但就像在水池里大量撒盐，咸味终究要凸显出来。要把盐分及时有效排除，却是极难的事情，尤其是对美国这样的民选政体。我们可以有把握地认为，浮滥的流动性终将导致货币贬值和汇率波动。

那么哪些资产能保值，能与时俱进，能在长程中胜出？国民财富的不同组合，对价值的增长或贬损，将有巨大的影响。这是投资的一个大问题，有机会时我们专门来探讨。

何时入市投资股票

2009 年 8 月上旬国内的股市开始下行，昨天更重挫了将近 6%，可谓暴跌。有朋友从上海打电话洛杉矶，诉说刚出手一套房子，把钱投入股市，不意旋即被套牢，亏得叫人心痛。他的太太指责他房子卖得便宜了，令他更觉得沮丧。说是市场一旦回升，决心就此退出市场，不再碰证券了。

　　这样的故事我们是太熟悉了，不是发生在亲友，就是遭遇到自己，问题是现在该怎么办？

　　证券市场是经济运营的温度计，往往先导，每每放大，令人措手不及。但在经济衰退特别是萧条之后，股票市场会领先回转，却是历史一再验证了的。这次萧条是否已经霍然脱体，虽然还是大可争议，但总体来讲，经济已被止血，拖出了"危重病房"，则已是不争的事实。我对国内的股市不便多做评论，熟知情况的人士多的是，所以还是以美国眼下的一些走势来为大家提供旁证。其实我一直都认为，中国港台地区的经验或许更加值得大家注意。同样是华人，性向禀赋相同，追求偏好相近，价值取向相类似。港台在市场里先行了几十年，磕磕碰碰的经验轨迹多多少少预示着我们日后的进展。不妨说，香港、台湾十年或十五年前发生过的事情，比如房价的演变，会在大陆重演。至于两岸三地的经验能契合到什么程度，得看我们对制度政策因素的理解，以及做加减调整的悟性怎样了。

　　美国从年初到上周末（8 月 14 日），股市有了长足的好转。工业道指 + 3.2%，纳指 + 21.6%，标普 500 + 7.8%；如果从低谷（今春 3 月 9 日）算起，上涨的幅度分别是 42.4%、56.6% 和 48.4%，可谓逆转惊人。极少有人曾预计到这个，否则回摆的幅度不会如此之大。错失这波行情的人自然懊悔不迭，尤其是去年深秋到今年四月熬不住的套现者。关键的一点，今后还有这样的机会么？眼下的情况是，美国人手上趴着 36 万亿美元现金，随时可以入市抬举行情的。基金经理报告说，6 月份以来，美国人情绪已经振奋起来，看多的占了大多数，打来的电话里指令买进和卖出的比例是 15 比 1，而四五两个月新入市的钱多增加了 300 亿。与此同时，基金的专业经理人却显得超保守了些，是被打慒了，被吓着了，是还没吃准？反正同去年相比，基金所持有的现金多了 20%。

　　这里似乎有必要补充，这次金融海啸其实并没有使美国人变得更穷，有此类误解的人需要想一想。每次股市的起伏，并没有使什么财富"蒸发"，像媒体的危言耸听那样。在牛市里当然也没有增加什么价值，有的只是和泡沫并存的"货币谜象"。然而波动确确实实地把财富转了手，多数人更穷了点，一些人大有斩获。海啸前大热的那几年，美国甚至全世界的财富落到了谁的手里？其中最有能耐的群体多半在美国，所谓金融界的专业人士，他们设计、操办、炒作、忽悠，五鬼搬运似地，早已盆满钵满。等到海啸发作，彼等的损失只是边际性的头寸，以及预期中的红利。大块的损失，民众扛不起的，国家出面来清偿平账，所用的钱印出来发出去之后，终究是由美国纳税人加上外国"傻客"一起来还清。所以说，投资的钱还在美国，投资客的心还没死，而这 36 万亿美金的现金要营造一个牛市并不困难。

从长期看，股市的演进又会是怎样的？不妨回顾一下 1929 年开始的经济大萧条，将有助于加深我们的理解。从规模到损失，这次萧条仅次于那一次。

那次大萧条前股市的峰值，用标普 500 指数来计量比较全面，在 1929 年 10 月 10 日是 30.81，到了最难堪的 1932 年 6 月 1 日，跌成了 4.40（–86%）！这个峰值要等四分之一个世纪，即在 1954 年才重新达到。为了认识"波动"是怎么回事，再举几个数字。一个月后（1932 年的 7 月），股市上扬了 25%，标普 500 指数达到了 5.5 左右。然后，在五年不到的 1937 年 3 月，标普 500 指数高攀为 18.67，从 1932 年 6 月的低谷上涨了竟有 324%，合年增长率 35%。即使从 1932 年 7 月的 5.5 起算，也上涨了有 239%，相当于年增长 27.7%。但是可惜，美国政府以为刺激措施可以告一段落，恢复财政收支平衡成了主要的矛盾，结果第二波的熊市席卷而来。人们的惧怕再度成为主流，股市应声重挫，跌跌不止，直到深陷二战中的 1942 年才算停止反转，那年的标普 500 指数总算爬回到了 7.47。要不是世界大战的非正常提振，造成有效需求和充分就业，熊市及其心理的熊态还不知道迁延到哪年呢。

超越 1937 年 3 月标普 500 指数的 18.67 得等到 1946 年（19.25），而要超过 1929 年的峰值则要等到 1954 年，这是多么漫长而沮丧的等待啊！即便如此，假如你是在标普 500 指数 5.5 的水平买进，并坚持持有的话，到了 1954 年你的投资一共增长了 460%。在这 22 年里，你的年增长率是 8.1%，一个贪心的人都会微笑的业绩。

归结这段动乱年代的教训，我们不妨这样说，

- 股市是会"回归"的，盛后有衰，而衰后有盛，大衰和大盛必相随而行。

- 耐性和沉稳必有善果。故此，当一个"石佛"倒是明智之举，你我有此"定力"否？

- 别老想着逃顶或抄底，这码子事不是常人可以玩的。咱自问鲁钝，不作痴想。你呢？

- 记住入市炒股，你实际上是和广大群众在"对赌"。说白了，是阁下的钱落得其他人的袋里呢，抑或别人在为你抬轿作嫁？

- 有无"定力"，归根结底是有没有"底气"。所以在凶险的股市玩，只可用"余财"，也就是用你买好了房子，留好了孩子的教育费用之后的余钱为之。也许，保有一定的现金是必要的，这其实也可以替你逮到一些便宜的机会，在他人过于惧怕时有出手的可能。

- 上面引用的数字没有考虑通货膨胀的因素。但正是货币的贬值，是你不得不投资证券的主要原因。长程来看，只有股票是"与时俱进"的，它能抵御通货膨胀。而通货膨胀是不可遏制的长期趋势。单靠储蓄在银行以求"安全"，无疑慢性自杀。

- 最后，大众惧怕时不要更怕，大众贪婪时不得更贪。尤其是，在大众普遍惧怕或者普遍贪婪的氛围中，不要忽而怕忽而贪。

莫衷一是地来回倒腾，除了把自己的积蓄加速赶到别人的口袋里，不会有其他结果，切记切记。

投资还是投机

我们曾比喻说，投资股市无异你是和股民大众在"对赌"，这话未免说得重了点，也许不够技巧，却很直白。在习惯的语义里，投资是正当和稳当的，而投机则饱受各种各样的负面指责，包括道德上的不可取。然而在证券交易上，投资和投机密不可分。且来看这个例子。杨某靠证券买卖来谋生和盈利。当他是"杨十万"时，人们不屑地叫他为倒爷或赌徒；当他赚了点钱，成为"杨百万"时，人们称他作投机客，有些酸溜溜的；当他变成"杨亿万"时，人们却来恭维他，把他誉为"投资（银行）家"，艳羡之余，甚至会邀请他当政治家，送上政协委员或人大代表之类的头衔。其实一直以来，杨先生干的是同样的事。

如果市场是合规的而个人是合法的话，投资和投机很难分清，即使能够分清，益处也不大。如果一定要加以区分，笔者以为，还是凯恩斯的意见比较确切。凯恩斯认为，从收益的结构来看问题，假如你的主要着眼点是股利分红，那么是在投资；要是你的主要着眼点是股价的上下，那么就是在投机，如是而已。从美国的历史，过去近一百年来，股票市场的年收益率为9.1%，刨去交易、管理等的费用，年收益率在7%左右；扣除货币贬值的因素，税前的实质回报到了5%，你就应该满足了（且不谈税收，国内还没有开征资本利得税）。不妨自问，如果你希望得到这平均5%的股票收益，它们全部得之于分红的收入，那你就是投资客；如果你期待的收益来自于股价的波动，那你就有投机的成分；要是你的期望的回报超过了5%，甚至超过了9%，那么你的投机企图心就相当明显了，至于企图能否得逞自当别论。目前在股市里随波逐流的大众，有多少是安于5%~7%的回报率的？扪心自问，自己的情况又是如何？

解释了"赌"这个不堪的字眼后，再来谈谈为什么我们说投资股市如同"对赌"。从上可知，上市公司——证券投资的对象——长期平均的年产出是9%，政府、通货膨胀、专业操作（理财人员、金融中介、信息系统等等）有分配的优先权（比4%只多不少），投资人合理期望的实质回报应该在5%或以下。如果你的要求超过此数，就只能从其他投资者那里去争取。简言之，这是一场以5%为基数"零和博弈"。那么谁能胜出？你要想胜出，必须"以天下人的心为心"，了解其他人的心态和动向，并先走出半步。

让我们再借用一下凯恩斯的比喻。他说，投资股市就像"选美比赛"。比赛的规则是这样的：在数百个候选美女中挑五名。如果你挑中的名单接近最后胜选的五个人，越接近你就赢得越多。因此，姑娘是不是真的漂亮，不重要，谁又说得清呢？其次，你认为谁真的漂亮也不重要，多数人不认同的话，你的观点就是白搭；别人的观点有点重要，假如他们构成了压倒性多数的话，但问题是你在事前怎么能够确知某个选择是压倒性的呢？这就到了博弈最难的关键：需要你推测其他人是怎样估算你的观点的，每个人都需要做这样的推测。当人们相信别人将如何选择和行动的话，他或她就会抱薪助焰，跟着押上自己的一票。于是，就有了所谓"造势"，有了旨在扭曲的引导。做个大家熟悉的类比。当"超女大赛"如火如荼展开后全民掀起热潮，此时谁唱的"真正地好"已经不重要了。那时李小姐的粉丝或张小姐的粉丝会开动，想方设法告诉大众，其偶像的人气已经明显占了上风，促使大家跟着投赞成票。推波助澜之下，粉丝的偶像果然会占鳌头。

这里有一层得留意，"超女大赛"和"全民炒股"虽然都是市场行为，都有"民选"的公正成分在，但是，"超女"的造势是通过"一人一票"

(实际上是"一部手机一票"外加上一毛钱的短信发送费)。而股市的造势却是"一元一票",在金钱面前"元元平等",所以散户(人多钱少)要影响大市的走势,可能性几乎没有。他们能做的只是(1)"透过现象看本质",尽量避免受扭曲造势的影响;(2)"理性"地推测压倒性的意见表达,以便利用众人意愿决定的市场走势。

要能获得这样的"理性",对于常人是极为难得的。经济学和金融学抽象地假设,每天收市时的价格都是"均衡"的,似乎总是 $2+2=4$。如果昨天的价格为 3,那说明昨天是 $1+2$、$2+1$、或者 $1.5+1.5$……明天的收市价格要是 5 的话,那么原因也只能是 $2+3$、$3+2$、或 $1.5+3.5$、$-1+6$ 之类的。因为,人既然是"理性"的,其行为基本是"逻辑"的,那 $2+2$ 除了等于 4,就不可能有别的结果。这种"理性"假设和我们在市场上所观察到的,大为相左。

我们在市场里观察到的却经常是,$2+2=3$ 或 $2+2=5$,甚至可能是 2 或 6,以至于没有人敢于确信 4 是否存在并能被揭示出来("真实"的准确答案有谁知道)。在证券交易市场,毛病就出在等号上,这个"$=$"是"基本事实的诠释"加上人类的情感欲念的混合物,它甚至可以导致更偏颇的 $2+2=7$ 或 $2+2=-1$。前一类现象是"贪婪"的结果,后一类现象则是"惧怕"的结果。诚如投资大师巴菲特所说的,贪婪和惧怕是传染力极强而毒性剧烈的人性通病。尽管人类在科技上的进展神速,但在人际"对赌"上却不见得高明了多少。2008 年前的 $2+2=10$ 到 2008 年后的 $2+2=-5$,就是叫人莫奈其何的例证。

为什么有这样的结果?不少领域,比如进化伦理学、文明考古学、实验心理学、人脑认知科学,乃至正兴盛起来的实验经济学和金融行为学等等,都在积极探索,为什么一个致力于自利追求的个人却不能持续地达到其自利的目的,特别是到了群体的行动时——市场交易是最显著的群体行动——往往有鲁莽灭裂的"不理性"结果。今年春天,美国出

版的《动物精神》(Animal Spirits, 由 G.Akerlof 和 R.Shiller 两位大牌经
济学家撰写), 就在尝试解答, 经济学理论的基本假设中的根本性谬误
是怎样导致这些深刻的矛盾的。笔者强烈推荐这本为大众写的通俗读本,
并会对此做专题的深入讨论。

怎样带领企业渡过危机

几个星期前在本栏目的杂议里, 我曾希望, "本次经济大衰退所付
出的沉重代价不至于是无谓的"。历史的经验表明, 许多小成功养成了
人们的自满和因循, 终于积累成大困境。相反, 正是困境的"大爆发",
迫使人们起而应战, 带来的"契机"才有力推动了人类文明取得长足的
新进展。这个模式, 我以为, 对当下危机的克服尤为适用。

先来引用一个掌故。 施乐公司前几年因产品和信息科技的数值化
和网络化脱节, 陷入了深重的困境。新上任的 CEO 马尔凯女士, 临危
受命, 要扭转濒临破产境地的公司。她在达拉斯和客户会面时, 当地一
个企业家, 由牛仔白手起家的, 言辞都极质朴, 和她分享了经验: "当
事情变得过于复杂, 就像有一头母牛掉到沟里令你手足无措时, 得集中
考虑三件事: (1) 先把母牛从沟里给拖出来; (2) 搞清楚母牛是怎么掉
进沟里的; 然后, (3) 采取一切必要的措施确保母牛不会再掉进沟里。
马尔凯顿时受到启发, 以后凡是谈到施乐公司怎样扭亏为盈的大计时,
她都会从这个小掌故讲起。母牛的故事现在几乎已经融入了施乐, 成为
公司领导文化的一部分。

把母牛拖出沟, 这当务之急, 谁都看得明白, 也容易完成。问题
是, 眼下解决之后, 你是否还有动力把问题的缘由分析透彻? 更难的是,
你是否还有毅力彻底祛除祸根, 消除问题再发生的可能? 美国有一本

书，比尔·乔治的新著《领导走出危机的七个教训》（Seven Lessons for Leading in Crisis），预定在本周出版。书中总结的七个教训中的一个就是，危机虽然破坏力可怕，却是人类得以进步的难得契机。如不能抓住这种痛苦的学习机会，从危机中获取弥足珍贵的经验教训，即令上帝恐怕都难以饶恕。

乔治是美国最优秀的经理人之一，他的广受赞誉的业绩里包括在他担任 CEO 的十年间，把一家医疗器材公司（Medtronic, 1991—2001）的市值从 11 亿美元提高到 600 亿，年增长率达到惊人的 35%。退休后他被聘为哈佛大学商学院的管理实践讲座教授，同时担任诸如埃克森、高盛、Novartis 医药、Target 百货等大公司的董事。德高望重的乔治应邀在今年的达沃斯世界经济论坛的专题讨论会上担任主席。那次讨论会给了乔治启发，他结合自己多年的实地观察和切身体验，写下了这本书。

开卷明义，乔治就一针见血地指出，追索这次经济危机的原因很复杂，可以怪罪许多方面，众说纷纭。但其中最关键原因是领导力的沦丧，而且美国这个世界的领头羊表现尤为糟糕。推诿搪塞的头儿们比比皆是，有责任感，勇于担当，并能有效组织起人们积极应战的领导人却不多见。乔治担忧，如果领导力没有受到触动和及时更新的话，新的格局、气象、方略、规制，以及政府同企业及民众的新合作关系是无法建立的。

除了绝对不可放弃在危机中学习和汲取教训之外，乔治所总结的另外六个教训分别是：

- 企业主管必须从检讨自己的角色作用和领导力的缺失开始，来直面现实。不把自己放到第一责任人的位置，不敢正视现实，问题的症结是不能被发掘出来的，从而无法得到积极的解决。
- 要尽量动员资源，主要是动员内部的人才资源，群策群力，来寻找解决问题的方法途径，而切忌把自己封闭起来，一肩苦扛重担。不敢公开透明剖析问题，企图向壁而思，或在小范围里悄悄地把困难淡化，结果不但不能转败为胜，反而会坐失战机，酿成更大的祸害。在这关键时刻，核心团队是否真诚，是否能够讲真心话，非常重要。企业的领导人如果拒绝听真话，或者只有极少数的人敢讲真话，是领导力沦丧的确切证据。

- 挖掘出问题的深层原因。浮皮潦草地靠剪锨来疗伤，不深挖事变的根本肇因，母牛很容易就会重堕到沟里去。

- 有长期抗战的准备。情形略有好转，并不足喜。正像墨菲法则所说的，一种麻烦有可能发生的话，它常常会在最麻烦的时候发作。所以，即使在人们以为已经掉到沟底，局面坏得不能再坏的时候，你仍然要防备情况进一步恶化的可能性。充分估计困难，调集充分的资源来对付常常是必要的。对企业来说，第一要义就是保有充足的流动性，"现金为王"的重要性在危机深处会体现出来。

- 作为企业的领导人，你将面对更严峻的考验。危机中对自己的言行要深思熟虑，在媒体的强光灯和公众的加倍关注之下，你略有闪失有可能造成企业的巨大损失。率先垂范很重要，企业领导人在危机关头要像战地指挥名将那样，身先士卒，非这样不足以凝聚士气，不足以激励大家尽力尽心；

- 保持前瞻眼光，积极进取。在解决问题的同时要多想问题会带给你什么"赢的机会"。只是被动地解决问题，至多"败部复活"而已，并不能使得你在新的竞争中继续发展。我们应该清醒地认识到，在大冲击——经济危机是其中的一类——之后，竞争环境的地貌再也不会复归原样了。在解决急难的同时，如果领导人能够以前瞻的襟怀展望未来，就不但可以安然走出危境，更能抓住契机，把企业等组织引领到更高的境界。

这是人们对"真正的领导力"的殷切的呼唤和期待。

巴菲特的穿透力

　　我们借乔治的新书，讨论了危机中的领导力的七个教训，本来打算接着写一写证券市场里投资大众犯的"七宗罪"，以及怎样来缓冲及调和这些谬误。但看到两个星期来国内的股市表现十分糟糕，改变了想法。这种时候还来传播"利空"的讯息，未免会给大家已经够沮丧的心情上雪上加霜，而我老孙是从来不在伤口上撒盐的，不管是别人的还是自家的伤口。所以还是先来介绍一些积极的经验，令人振奋一点为好。

　　53 岁的比尔·盖茨和他 83 岁的父亲老盖茨先生近来时常一起露面接受媒体采访。他们是世界上最大的慈善公益基金的联席主席，其实老盖茨打 1998 年从自己的律师事务所退休后，一直在替儿子打理基金会，前几年甚至是基金会唯一的人员。老先生 2009 年 4 月出了一本小盖茨的成长经历以及家庭是怎样栽培他的书，颇引起大家的兴趣和好评。小盖茨则推崇父亲是自己的最佳导师，无论在人生智慧、敬业精神、鼓励支持等各个方面。

　　估计这本值得一读书的中译本很快就会出来，所以在这里只略微介绍一下。比尔自幼好学、好动、好胜、好自作主张。盖茨夫妇在学习上尽量满足，买书的钱是绝不吝啬的；他们鼓励孩子多做户外和团体活动，常和邻人同学玩在一起。比尔十一二岁时就显示强烈的独立倾向，父母也曾忧虑。但心理辅导医生的建议是，比尔在自立的问题上是不会妥协的，盖茨夫妇很快就接受这个结论，在对比尔的教育上也做了调整，他们把"缰绳"放得松松的，尽量不强行干预。这扩增了小盖茨日后的发展空间，使他能够在由自己选定的路径上自由焕发天赋和热忱。

　　当媒体问到父亲之外还从谁那里得到过有价值的建议时，小盖茨总会提到 79 岁的巴菲特，两人是忘年交。比尔认为巴菲特的非凡之处在于他能把复杂的事物简约化，并能牢牢抓紧基本要素，作为自己决策的基础。他从巴菲特学到的还有善解人意及与人和睦相处的本事，特别是怎样表达自己的不同观点，甚至在不得不拒绝他人的要求时，做到得体圆通，不挫伤对方。巴菲特的这两个穿透力，对他成功投资的贡献并不下于其从格兰汉姆学到的价值投资的理念和技巧。

巴菲特在回顾格兰汉姆给自己的建议时，真正体现了他的确得到了老师的真髓。格兰汉姆多次教导巴菲特说，你的对错并不是因为别人是否赞同你，"你之所以做对了事，是因为你依据的事实无误，你的推理过程是正确的"。

巴菲特说："我十分敬重格兰汉姆，多年来，他给了我许多重要的建议。然而，每当我回想他对我说的话，最先想起的却是他的一个差劲的建议。"巴菲特 1951 年从哥伦比亚大学的商学院毕业，还不满 21 岁，那时他刚修完格兰汉姆的课程，决心投身证券行业，便兴冲冲地要给格兰汉姆打工，表示即使白干也成，格兰汉姆非但没答应，反而给他一个很糟糕的建议，认为从事证券业时机并不成熟。格兰汉姆对巴菲特说："你会做得很好，可现在入行还不是时机。"事后来看，美国无论是经济还是股市就在那时候开始了持续十年的强劲上升，数十年来未曾有过的大牛市行情的前夕。

巴菲特无奈，只得回到家乡奥马哈自己来干，他积极实践了格雷汉姆的投资方法和理念，注重"安全边际"，"利用市场先生，而不是被他利用"，等等。其间巴菲特始终没有打消加盟格兰汉姆的念头，并不断向他请教。1954 年巴菲特终于收到了格兰汉姆的邀请，到纽约去一起共事，从中他学到了更多。1956 年格兰汉姆从纽约移居洛杉矶，分手时巴菲特已经积累了 15 万美元，这第一桶金相当现在的 300 万以上。这个坚实根基帮助巴菲特起飞，成了有史以来最成功的股票投资家，直至现在的 400 多亿的财富。

巴菲特继 2006 年宣布捐赠 370 亿美金给盖茨的基金会后，近两年来也加强了他个人的公益活动。其中的一项是传授他的理财经验和价值观，通过讲课和电视网络媒体的传送。这些都符合他的人生追求：让世界通过他而变得更美好更合理一点。

据统计，2007 年 7 月起，他仅在美国电视频道 CNBC 就做了近百次节目。此外他每年还在公司总部所在地奥马哈为世界各地来的商科学生讲课研讨十五次左右，每次在四个小时以上，包括问答切磋。

我的一位好友老杜的儿子就读新加坡大学的 MBA 课程时就被选中参加奥马哈研修班的课程。我问小杜的感受如何，他说非常精彩，收益极大。研修后巴菲特又在当地著名的牛排馆（每年股东大会的餐馆）招待学生餐叙，并和每个学生分别留影。花费数百万美元才拍得同"股神进餐"的特许权的段永平、赵丹阳等相比，谁学到更多，我们不得而知。但是我想，如果能把巴菲特的电视节目（我在洛杉矶的频道上经常看到并很受启发），移植到中国，大众收看之下，都能得到段、赵的待遇，免费享用顶级的知性大餐，岂不更美？

巴菲特的进和退

巴菲特的股经在世界各处都备受关注，甚至连总统奥巴马，全都会屏息聆听他的见解。巴菲特说："若是因为担忧股市行情，令你到深夜还不能入眠的话，那就不如撤资为上。"

要学巴菲特，可不容易，除了他的禀赋、勤勉、练历、个性，以及机运和其他环境因素而外，巴菲特本人的谦谨也是一个主要的"障碍"。他和罗杰斯之类的大嘴巴，或是充斥市井的江湖郎中似的股评人，真有天渊之别。上述他的警句，追本溯源，还可能是从前辈投资大师巴鲁克那里借来的。巴鲁克在投机场上身经百战而能斩获极丰，总结他之所以能够全身而退的经验时，他常用这句话来告诫人们。巴菲特也不止一次地劝说，投资证券不可赔上身家性命，不得用杠杆，不得靠透支借贷去博，失眠、精神不定当然划不来，更别说失去身体的健康和自由了。

不过，他的正式传记合作者（Ms. Schroeder, "The Snowball"）说，要发掘巴菲特的智慧，对于我们这些粉丝，有如披沙沥金。这里一句评议，那里一段摘引，老头的教诲就像是在滴"眼药水"，一点点地，然而你干渴的眼睛却会因此看得清晰一点。也许是因为老人年届八十，想要给后世留下一份完整的记忆吧，近年来开始在课堂上、在电视中系统地讲授他的理念。这就是为什么我在上期里推介，主张引进他的节目，那实在太有价值了。而眼下的投资大众，每天在罗杰斯和江湖郎中那些人的轰炸和糊弄下，脑子保不定就变成了一群野牛反复践踏下的烂泥地！

在向股东们解释公司的业绩和策略时，巴菲特不止一次说过，他希望公司能够（实际也做到了）在牛市里有中上的表现，但在熊市里却要能大大地胜出。事实上，伯克希尔·哈撒韦的卓越业绩得益于熊市居多；换句话说，巴菲特的本事主要展现在市面糟糕大众畏惧的时候。他主张在市场博弈里，你必须得和市场先生联手，要诀是反其道而行之，在大众贪时你后退，大众怕时你进取。去年以来全球经历了最大的熊市，人们无不慑服于股灾，如同遭到冰冻一般，巴菲特的本色又是如何呢？

从面上看，过去一年是巴菲特最糟的年度，他个人的财务损失达250亿美元，而伯克希尔·哈撒韦的股票自前次不久的峰值重挫竟有40%！公司在一季度有15亿的亏损（二季度又有了盈利）；而直到昨天，公司的业绩还明显落后标普500指数，这是相当罕见的。1965年巴菲特入主后的44年里，公司跑输标普500的只有5次，而且都是在牛市。平均而言,伯克希尔·哈撒韦的业绩 (20.3%) 胜过标普 500 (8.9%) 一倍以上,超过了有 11.4% 之多。就连去年的超级熊市,公司 (-9.6%) 也超出了标普 500 (-37%) 有 11.4%。今年会怎样呢?

巴菲特的首富席位又让回给了盖茨,但他对盖茨慈善基金的 370 亿的捐赠承诺将如何履行? "原来巴菲特不是神!"有人惊喜地发觉;"他还撑得住吗?"有人恐慌时惊呼。流动性很低的公司股票 (9 月 8 日的收市价: A 股 97560 美元一股,B 股 3200 美元一股),在有人信心动摇抛出时,股价的确发生过瞬间的急挫。

巴菲特当然不是神(除了偶尔被愚人神化之外),有神就没有市场:人和神是无从博弈的。他其实也不需要那么神,只要在牛市比大众跑得慢半步,而在熊市比大家快半步,就既不会被牛踩倒,也不会被熊吃掉。

虽然巴菲特去年也犯了一些错失(比如他承认,在石油价格高峰时买进 ConocoPhillips 亏损巨亿,是个(网球里)"双发失误"的自杀球。还有去年十月市场崩塌时,他的估计欠充分出手早了一些,等等),但这个超级熊市准给他带来始料未及的机遇。一连好几年,在年报和致股东的信中,他都在抱怨没有什么值得投资的好机会,只能持币(高达 300 亿)以待。这下终于有了出手的机会,当大家都被打得满地找牙齿的当口,安全缓冲带厚实的便宜货是唾手可得。

巴菲特出手的对象如高盛、通用电气、富国银行、美国运通、US Bancorp 等都已经缓过气来,并在节节上扬。他的布局不久就会发力的。就拿老人家牛刀小试的比亚迪来说,表现就不凡。比亚迪是迄今为止巴菲特投资的唯一一家国内的公司。去年九月巴菲特以 5 亿美金投入王传福在香港联交所上市的公司,当时的价格是港币 8 元左右。蛰伏了一段时间,今年 3 月《财富》杂志的一篇封面报导,把比亚迪的潜在价值向市场揭示,于是就在大市最低迷的时刻,股价开始攀升,就像北京人说的，"蹭蹭地"往上涨。昨天（9 月 8 日）的比亚迪的收市价已经到了 56.3 港元。这里想说的是，巴菲特在熊市深处布下的棋子儿不日都将焕发活力，大家不妨拭目以待。

看了巴菲特的长年业绩表现（其实他从来不用操心短程业绩），我有时会这样想，若是把伯克希尔·哈撒韦的股票当作债券又会如何？所谓国债的本金风险为零的看法，实在是相当幼稚的。国家不会破产，不会赖着国债不还，但如果还的纸币是累经通货膨胀严重缩水之后的钱，对投资人又有何益？你需要的是纸币所带来的真实购买力，不是吗？四十余年以来，巴菲特公司的年回报率是 20.3%（包括去年严重亏损的 -8.9%），相对国债不足 4.3% 的平均年回报率，其间有 16% 的缓冲带，抗御风险的结实，足以抵挡 12 级地震。当我和职业理财经理人谈到这层看法，他们并不以为然。我猜想，绝大多数金融界专业人士都不会以为然的，不过我还是会这样试着来安排本人的退休基金。我唯一的担心是，巴菲特能否活多几年，比如说，活过九十岁？

对于大众，巴菲特的公司不过是一个股权投资的组合，而国债还就是国债，本金的安全海拔高度为零。那么，我们大家将如何长期应对市场呢？这里试举一个再简单不过的小模型让大家来参考。著名的投资顾问，素被尊重的博格尔（J.Bogle）曾一再试图劝喻人们，理财最大的要点是决定资产在各类种类之间的分配比例，简单来讲就是要搞对股票和债券的比例。鉴于此，我们有如下的方法（以美国的数据和经验为基础）。

美国股市的长程表现，从 1926 年至今，年平均回报率为 9.6%，风险波动（标准差）为 21.5%。如此，有三分之二的概率投资者的股票投资的年回报率在 -12% 到 31% 之间摆动。但如果你不介意，或是不会被迫在某一年份必须撤资套现的话，这样的风险实际上应该是可以接受的。这也是巴菲特告诫大伙不要透支做杠杆投资，弄得不好会被迫清盘的原因。而且，只有股市（也许还有房市）可望带给你可观的报酬，来和通货膨胀竞赛。不冒这点风险，长期来说，货币贬值一定会迫使你输定了。

　　假设你现年 50 岁，首期投入的积蓄是 17.5 万，今后每年投资 1.5 万的话，到了 65 岁（美国的标准退休年龄）你的资金总额该有多少？这里假定你有三种组合：100% 股票、100% 债券，或者股票 + 债券混合。如果是第三种组合的话，起先是股票 80% + 债券 20%，因为随着年岁增加，逐步加大债券的比例，平均每三年增加 5%。那么，你到了 65 岁时，这个比例就成了股票比债券，即 55% 比 45%。在这样的假设条件下，你在 65 岁的资产总值为：

投资组合	最不顺利：可能性 10%	最顺利：可能性 10%	多数情况：可能性 50%
100% 股票	57.2 万	108.3 万	99.5 万
股票 + 债券	63.6 万	143.4 万	94.4 万
100% 债券	67.0 万	97.2 万	80.5 万

　　（上述的结果乃是假设了股票的年回报率 8.8%，公司债券的年回报率 5.8%，国债的年回报率 4.1%，均以美国的长期历史数据来推定的。）

　　旁白：我们不妨用巴菲特公司的投资组合来代替债券（公司债 + 国债），再来计算一下，届时你的资产总额将值多少？至于风险，我说过了，和国债相较，把通货膨胀计算进来，其实并没有增高。

巴菲特的又一次进击

　　巴菲特对 BNSF 铁路运营公司的收购，昨天（2009 年 11 月 4 日）披露后，即刻引起全球广泛的关注和讨论。第一是巴菲特的手笔大，

266 亿美金，不但是他自己最大的单笔买卖，在全球都属罕见；第二是巴菲特的出手快，十月下旬他在得州（BNSF 的所在地）开董事会时向 BNSF 的 CEO 提出收购要求，不出两个星期就搞定了；第三是全额收购，在巴菲特的控股集团伯克希尔 2007 年起持有的 22.6% 股份的基础上，以每股 100 美元收购其余的 77.4%，溢价达 31%，付出不菲；第四，收购的对象竟然是一家"黄昏产业"的企业；第五，则是对价支付 60% 现金＋40% 的股票，为此伯克希尔集团的 B 股要以做 1 比 50 的拆分。

这些看来不寻常，分析之后我们就会看到，它们和巴菲特所遵循的理念及其一贯的投资风格都是相契合的。

先谈第一点。十多年以来，巴菲特每年在年报里总不忘提到，伯克希尔资产变得庞大之后，具有规模的好项目越来越难找到，加上市场价格水平偏于高估，有利可图能抵御风险的投资机会也的确很少。1998 年伯克希尔持有现金 140 亿美元，2006 年上升到了 370 亿。现金的收益极低，保有过高的现金水平通常被看做是经理无能的表现。巴菲特的导师格兰汉姆就认为经理如果不能做有效投资，就应该把属于股东的钱以股利形式还给股东，让他们自己去选择运用。然而有史以来巴菲特还从没有向股东们派发过股息。这对巴菲特自然是压力不小，尽管他一向沉稳，非谋定不会轻易出手。巴菲特念念不忘的是，逮到良机后就大规模果断出击。令他惋惜的常常是遇到良机时，魄力却不够大，以至于本该赚的没有赚足。这次收购说明，巴菲特确信，BNSF 的确值得大举出击。

第二，处理这么大的项目，巴菲特可谓"神速"，他在答记者问时说，对于本次收购的决定性要件，谈判仅仅用了 20 分钟！（比他平时做决定他自称只用 10 分钟，似乎还是慢了一倍，一笑。）他还幽默地戏称，他之所以对铁路公司情有独钟，是因为小时候爸爸没给他买过玩具火车的缘故。

如果认为巴菲特有轻率之嫌，那就大错了。对于 79 岁的巴菲特，这桩巨大的收购案将关系到他的历史地位和职业声誉。巴菲特行事从不草率，这次更是不会。从他的传记我们知道，五十多年前他随格兰汉姆学生意时，曾一览无遗地研读厚厚的美国运输业行情报告，甚至精读数遍。当时巴菲特负责的投资组合里，铁路运输占了 30% 左右，可以说，对铁路行业的了解上他是下过"童子功"的。几年前他突然醒悟到铁路运输正在重新崛起，于是在 2007 年开始入股 BNSF，累计持有 22.6% 的股份而成为它的第一大股东。因此可以肯定，巴菲特对 BNSF 的市场、经营、团队了如指掌，无需做什么临时的"尽职调查"。

第三，这项全额收购，溢价不菲，却和巴菲特的投资风格是相一致的。BNSF 是全美第二大的铁路运营企业，拥有长达五万公里的铁路网络，几乎全在密西西比河以西。它的管理团队是行业里最棒的，过去十年来锐意改造技术，使 BNSF 成为运输业里最有效的企业。估计巴菲特会同他以往的企业收购一样，留任 BNSF 的整个团队，充分授权让他们自主经营。当人们问巴菲特为什么在目前"现金为王"的时期，特别是在没有竞购者的情况下，还付如此高（31%）的溢价？（据常规测评，BNSF 的公允价格在 90 元左右，九倍于它的赢利 EBITDA。）在一般情况下，巴菲特都强调收购价格必须足够低，否则就没有足够的缓冲地带来对付风险。他的解释是，BNSF 这么好的收购对象，不容许你再锱铢必较。显然，他对 BNSF 的内在价值有充分的认识，而且信心十足。

最堪琢磨的还是第四、第五两点。

为什么巴菲特中意的是个"黄昏行业"？直至 20 世纪 60 年代，铁路运输还是美国举足轻重的盈利行业，富豪中靠铁路运输发财的就像眼下靠金融期货发财的那样普遍。但铁路行业渐渐日薄西山，"铁路大王"也不复存在。不过这个趋势最近十五年来在明显逆转。按巴菲特的老搭档，见识非凡的查理·芒格在多个场合的说法，他和巴菲特非常后悔他们曾忽视了铁路运输业的重新崛起，以致落后了好几年时间。伯克希尔对铁路的投资晚到 2007 年才开始，并迅速变得可观。去年金融海啸发作以后，巴菲特曾试图收购 BNSF，可能是由于出价过低，没能成功。巴菲特和芒格之所以钟情铁路运输，据他们自己讲，是出于产业结构和发展趋势的认识和考量。一是由于燃料价格的腾涨，运输成本增加很快，这个趋势是不会调头的。加上技术和管理的进步，铁路相对公路的优势有明显提高。对于大宗商品（如粮食、食品、煤炭、钢铁等）的运送，铁路更有利可图。二来铁路投资门槛高，要有经营特许，受高度监管，因此有变相垄断的特权。也就是，铁路运输公司有又深又阔的"护城河"，巴菲特认为这是企业经营能够长期盈利的最主要的条件，既能不受新来者的竞争挑战，又能保有自己的定价权，而且有稳定的市场需求和客户基础。巴菲特基于他对美国长期的经济发展和市场繁荣的乐观和信心，认为铁路运输是其中必不可少的环节。铁路运输的这些特征，能够满足伯克希尔集团的"稳定"——稳定的现金流和盈利来源——的要求。从长期和可持续的角度，巴菲特和芒格都非常重视"稳定"。

事实上市场对巴菲特收购 BNSF 的解读也正是如此。收购的消息传出后，美国四大铁路运输公司其他三家的股票也都随即上扬。就连中国的"大秦铁路"昨天和今天也突然有了多时未见的"强劲"表现，应该也是 BNSF 收购的"余威所及"吧。

最后，这次收购有 40% 靠换股，这在伯克希尔是相当不寻常的做法。事实上巴菲特并不缺现金，即使在收购之后伯克希尔的现金还在 220 亿以上。为了方便 BNSF 的股东接受换股，伯克希尔的董事会通过决议，把公司的 B 股一股分做五十股。目前大约 3300 美元一股就变成 66 美元一股了。伯克希尔的 A 股不变，仍旧是十万美元以上一股，它是全世界最昂贵的股票，真可谓一股值一栋房。1998 年为了方便投资，把一部分 A 股 1 比 30 拆成 B 股后，以后一直如此。趁着这次收购，更把 B 股分拆成小股，其流动性将大增，单股股价调低后会刺激需求，将令股价上升。

　　笔者推测，这将是伯克希尔收购 BNSF 的一个副产品，收益还会不小。按人是理性的假定，拆股对股价本来应该是中立的，十万元一股等同于一元十万股。可人们多的是"动物精神"，尤其是伯克希尔的股票，无论是 A 股还是 B 股，单价都太吓人。这下好了，六十几元一股，大家都乐意来问津。众人捧柴，股价上扬，当是指日可待之事。

美国失业状况继续恶化

　　2009 年 11 月 6 日美国披露的官方就业数据，再次令世界市场不安：失业率自 1983 年（其实自 1943 年）以来再度突破 10%，十月份的失业人数比九月新增 56 万；失业人员的结构也糟糕了些，平均待业时间达到 27 周，比衰退开始时增加了十个星期。一般来说，失业时间越长，重返工作的机会就越渺茫。就连 10%，也是一个被低估的数字，按国际劳工组织的口径来统计的，在美国通常称作 U3。

　　若全面一点，即按 U6 来测算的话，失业人口已达到了 17.5% 左右。U6 是 U3 加上"因为市场上没有合适的就业机会而沮丧，中止寻找工作的劳动力"（U4），再加上"因不能找到工作会退出找工作行列的劳动力"（U5），再加上"无法找到全职工作的临时工"（据布鲁金斯研究所的报告，仅这样的临时工群体就超过了 930 万人）。美国有一些民间组织，按其所谓"影子官方统计"（SGS）认为，美国目前的实际失业率甚至高达 22% 以上，相当骇人。

　　失业数字在政治上向来极敏感，当政的往低压甚至捂，在野的则往上抬甚至猜，出入显著自是寻常事。民主党目前当家，态势同一年前正好调了个儿，奥巴马那时言之凿凿指责布什，现在却不得不冒当初饱受批评的共和党的责难炮火。而幕僚们也很吃瘪，过去几个月的灿烂预测被捅破，跨政府连任的伯南克可能是唯一不太需要改口的官员，他至今还在坚持失业率不会越过10%。

其实，美国就业状况的每况愈下，肇因是结构性的，哪个政党都难以扭转。奥巴马政府以为刺激大企业帮助解套就能改善失业，太乐观甚至有点轻率。短期提振民气的效果或许有，要长期提高就业水平，美国人不痛下决心，尤其是民间的艰难转型，不可为而得之。

企业提高劳动生产率，就目前而言，对企业减低成本和亏损会有帮助，但对就业的人数绝对是不利的。至于企业恢复赢利，甚至扩大经营之后，会不会有力推动就业还很难讲，即使可能也是若干年以后的事情了。

何以见得？

九月初笔者在本系列的开篇"衰退完结了吗？"里指出，美国第二季度的生产力大幅提高了前所未有的6.3%，内涵其实不容乐观。生产力的计量用的是产值除以劳动成本得到的分值，生产力的"提高"既可以由扩大的分子除以同等的分母来获得，也可以由同等的分子除以缩减的分母来获得。高速增长的产值除以也在增长但增速较缓的劳动成本，是技术进步带来的大好事；但停滞的分子除以萎缩更快的分母则是大坏事，这种生产力的"提高"是各国都避之唯恐不及的。

昨天美国劳工部发表的数字证明，笔者的疑虑果然没错：美国第二季度的生产力（每工作小时的产值）按年率增加的6.9%是怎样来的呢：实际的产值下降了1.1%，同时工作小时数则下降了7.5%，而单位小时的劳动成本更下降了6.1%！令美国的政府和民众深感担忧的"丧失就业的复苏"（jobless recovery），活生生就在我们眼前。

在主流经济学理论模型里，这种现象是不用解释的，非自愿的失业不可能存在，在前提假定里已经把这种可能性给舍象掉了，它压根儿就不可能存在。理由是，难道有谁宁愿饿死而不愿减薪？但无论员工或雇主，只要略食人间烟火，就知道现实生活里根本就不是那么回事。"偏门的"经济解释不少，从各个角度试图说明原因：市场受着各种羁绊，无法彻底施展威力，能够靠"均衡的"价格来结清工作机会和求职劳工。政府常是挨批评的靶子，被认为是市场扭曲的最大根源。

但是既然政府通过民选产生，理论上，它就应该服务这成千上万个"小老板"。特别是当经济衰退，失业剧增，失业者及其家属汇集起来的声音和能量是任何官员不敢怠慢的。用公权力有系统地维护选民的就业和收入，乃是天经地义之理。事态严重到一定地步，税收、法规、行政干预，外交摩擦甚至战争手段，都有可能被采用，历史上也曾再三出现过极端的手段。

若论环球竞争对美国就业和收入结构的影响，有两种是显而易见的：

美国劳工的比较劣势越来越难以招架，假如没有政府力挺的话。以前是纺织服装业，现在是各行各业，包括可以外包的许多服务行业。人们会纳闷，凭什么底特律的一个汽车工人，活干得比西安的工人差，薪酬却超过后者的十倍？问题在于，底特律的工人不可能减薪十分之九来恢复他们的竞争力。同时，企业却要趁衰退带来的机遇来避免工会和社会的杯葛，解聘它们不愿承担的高薪人员。作为替代，它们或者更新技术或流程，或者干脆转到低劳工成本的海外去作业。因而，要企业按原有规模（且不谈扩增）雇佣本国员工，要是没有强有力的政府干预，是很难再做到了。这也是失业率——检验政府救市的刺激措施成败的分水岭——居高不下的结构性原因。

金融服务业已成为并将继续是美国的主要盈利来源。事实上它的功能——为全球数钱、管钱、分配钱和资源——迄今还无人有本事取代，其比较优势大家不得不承认，虽然它总是多吃多捞，还不时兜售一些"三鹿奶粉"。应该说，金融服务业过去二十年来的收入占了美国 GDP 和企业利润越来越大的份额，是它（从全球）"赚出来的"，并没有捞国内其他行业的便宜。

从上述的认知，我们可以推论（1）美国搞社会财富重新平衡的趋势将有增无减；（2）美国会加强干预商品和资本的国际流转；（3）美元会贬值（相对增税的难度，美元贬值更容易为社会接受，来促进转移分配和稀释债权）；（4）市场尤其是金融服务业的博弈规则不会大变，现有体制更符合规则的制定者维护者的利益。据此，美国也许会谈一些改革，但是不会认真实施。

明智的市场决策

经营决策的要旨在于选对人

大约八年前，我在《上海证券报》开设的第二个专栏《工商名人堂》（后来集结成小书《CEO智慧》出版于2003年）里曾说："临做一件事，青年人别过于追逐它的利润；成年人别过于计较它的成本；企业经理更要精于盘算不做它的风险；而政府官员则更需勤于思索不做它的好处。"随着市场规范的演进，人们选择的丰富，也随着笔者见识的扩展，我们来重拾如何抉择的话题，对大家追求组织效益和各自幸福或许会有所帮助。

至于探讨的路径，还是依旧——仍以个案来说"教"。理由如我在《CEO智慧》前言中所解释的："除非同类事情内在逻辑清晰，变量少而关联性可以确定，就不适合采用科学的方式，通过实验验证其因果关系，再普遍化为'法则'、'规律'之类的，然后据以举一反三地套用。无论个人追求自身幸福的努力，或者企业竞逐经营成功的活动，无不需要在事件边界模糊、后果信息不明、因果联系错综、取舍利弊混沌的情状下，做出选择和决断。于是，要汲取前人和邻人的成败经验，合适的方法大致就落到了历史诠释和故事描述之间。使用个案，引申出其中的教益，因而适得其所。"

引用个案来启发答案的另一个理由是，人们的确受着榜样的强烈驱动。人类在克服艰险困阻的努力中，尽管再三再四地受挫，但一旦有一个同类应战成功了，我们的信心便会大长。成功的孤案会瓦解我们内心的束缚，应战成功的机会就不绝如涌。莱特兄弟飞离了地面不到一分钟，旬月之间全球的飞行器就不断涌现；林白上校飞越大西洋不到一年，女士都接踵突破了更远的航程；英国人在尼泊尔土著的帮助下登上珠穆朗玛峰之后，王石就相信登顶对他也是迟早的事了……总之，人们在求变创新时，是不会受制于以前的"统计规律"的，他们凭恃的是"非理性"的信念：只要有一个人挑战获得了成功，就被广泛地引为楷模，构成自己起而应战的动因。

这里先来介绍美国著名管理学家吉姆·柯林斯对决策的看法。柯林斯的两本名著，《基业长青》和《从优秀到卓越》，都已经有了中译本，而且常被中国读者引用，影响广泛。

柯林斯核对了他多年来对企业高管的访谈记录后发现，贯穿杰出人士决策活动始终的关注点，不在于决定做什么，而是决定由谁来做，大都是人事上的决策。

柯林斯总结道，这是因为，世界从根本上说是不确定的，所以决策总是围绕未来会怎样，你在未来的位置和角色如何来做出的。应付不确定未来的关键选择，就是你要和合适的人在一起，成为你工作和生活的伙伴。

王石在冒险登顶珠穆朗玛峰后，回忆了他在困守中苦待队友从基地送氧气瓶上顶峰来所亲历的艰难。设想他要对自己的伙伴没有坚定的信念，是无论如何坚持不下来的；要是在组成团队时错选同伴，他也必死无疑了。选对你的同伴，可以说是风险事业成功的第一要义。

柯林斯以美国的富国银行为例，来谈论企业应对风险环境的决策。里根总统胜选上台之前，业界就已明白银行业取消管制的冲击即将到来，但是没有人能够确切知道结果将会怎样，何时开始解禁？采取何种途径方式？对银行业将产生什么影响？当时富国银行的 CEO 库里（Dick Cooley）坦率地承认，自己其实并不知道该怎么做，才能在取消管制的历程中胜出，不确定的因素确实太多了。库里明白自己无法形成明确的思路，也做不出一套有效的方案，但他清楚，银行应该建立起一支精干的管理团队，能迅速应对取消管制后种种可能出现的状况，至少在竞争同行之前就能迅速而妥善地反应。因此，库里的决定实际上是一组人事的决定，也就是找到能够应付将来不确定局面的团队的成员，以便积极响应未来的挑战，不论将来会发生什么。其后几十年来的结果，富国银行力压群伦脱颖而出，靠的就是那个团队。巴菲特对富国银行取得的成果大为称赞，并且成了它的第一大股东。

库里的这个决定貌似简单，却很不容易做到。富国银行的案例在决策意义上，起码有两条教益值得大家注意。

第一是坦诚。面对不确定的局面，领导要坦然承认"我并不知晓"，别自欺欺人假装知道，自以为有招，或是令同事和下属以为自己有招。而必须在一定范围内说实话："我自己现在还不清楚，但我知道的是，公司一定得做对。"一个企业组织，一把手让别人参与进来，通常为的是要大家认同他自己已做出的决策。使人产生一种印象，既然在 CEO 的位置上，你自然比其他人知道更多、更高明、更有决断。其实，CEO 更应该做的，是让自己能够了解到同事们更有见地的想法。

第二，是全力找到真正管用的人。除了坦诚，CEO 还必须体认，别让自己的权位和个性阻碍最有建设性信息的获得。首先是团队成员本身的素质，是那种不畏权位、能独立思考的人，而不能是应声附和之徒，在所议的事理之外有其他甚至私利的计较。其次，领导要努力创造良性的互动氛围和奖惩机制，善于用富有启发性的问题来引起对话和交锋，特别要奖励能给自己的想法挑出毛病的成员，减少由于势位和个性导致决策偏离现实的可能性。毕竟，团体作业的目的并非形成简单的共识——表面的文章未免太容易做了，而是靠多元参与充分碰撞之后，凝练而成的行动方案。

因此，从他的团队及追随者的素质，往往就能判别一个 CEO 是不是真正出类拔萃的决策者。若要待到决策真的实施见到结果时，多半得延误很久，恐怕也已经难以挽回了。

市场驱动和内在驱动

上期所提到的《基业长青》，是一本探讨如何进行战略管理企业才能长治久安的书，柯林斯在完成它不久，在是否应该创办自己的咨询公司的选择上举棋不定。于是他去请教了管理学大师德鲁克。德鲁克首先让柯林斯弄明白自己追求的目标是什么，问道："你到底是想建立一家能长久发展的组织呢？还是要树立有深远影响的观念？"柯林斯回答说，他想追求的是后者。德鲁克于是建议："那你就不应该去开公司。"接着分析说捕捉发展的机会其实不困难，难的是怎样拒绝不良的机会，"真正的考验是，向错误的机会说不"。

从自己研究过的卓有成效的组织，柯林斯总结出，组成有成效的团队，目的不是为了达成共识而是要造成建设性的碰撞和冲突。凡是重大决策，几乎都经过冲突和争论，而非人们通常所想象的那样，在所有人形成共识后才做出的。大多数企业也许是这样来考量未来的：我们该如何去适应外部环境？但是卓越不会就此实现。企业组织之能成为卓越，首先源自其内部驱动力。在重大决策关头，卓越的组织抓住关键的问题，我们目前所处形势的真实情况到底怎样？答案由三个子问题的回答组成：（1）什么是我们的内部驱动力？（2）外部的真实环境将如何变化？以及（3）当内部驱动力与外部现实相遇时，我们应该做哪些与众不同的事，从而脱颖而出？

也就是说，卓越的企业组织之所以能成为卓越是由内部的因素——核心价值和追求雄心——来驱动的。认清外部形势是为了实现发自内心的抱负，而不仅仅是对外部环境的顺应。

对外部环境和条件的态度，导致的结果会大不相同。但须想到，无论外部发生怎样的变化，不管你的人生态度如何，到头来你还不都得对自己的结果负责？自己的选择能否如所预期地实现，运气固然是个重大因素，但你都不得不对在这个世界引起的影响负责。而你的影响在总体上，取决于你做了什么以及不做什么的选择。

在这两方面——对命运的态度和受什么驱动——的博弈艺术上，苹果电脑的斯蒂夫·乔布斯都称得上世人的楷模。

"你常常不免担心自己会失去一些东西，避免这类担忧的最好办法，是要记住，你即将死去。"乔布斯不断进取的天性，尤其是两次濒临鬼门关带来的感悟，坚定了自己的取向：患得患失，到头来多半是失，因为人有大限，它绝不等人。2009 年春天，乔布斯进行的肝脏移植手术，"侥幸"顺利异常。美国的股市不但因这个"侥幸"挽回了上千亿美元的缩水，而且在十个月后乔布斯度过了感染和异体排斥的高危期后，苹果电脑的市值又攀升了近千亿。更因为一年后苹果如期推出 Ipad，消费者市场大感振奋，不到一个月的时间里，Ipad 卖出了一百万台。几乎可以说，这个新"玩意儿"催生了又一轮的新生活方式。

苹果带来的新生活方式，不在它对市场的顺应而在它对消费的形塑。乔布斯认为，如果只是客户导向的话，那么福特要做的不过是改良马车或加固挽具之类的事，波音要做的只是使铁路卧车舒适一点，或给汽车提点速什么的。我们苹果电脑，则要给消费者这群想象力有限的"皇帝们"缝制一套新衣，告诉他们什么是美和酷，什么叫品质和品味，把他们的激情和快感一并激发出来，令他们想象，唯有苹果给予的体验才是有素质的真正体验。换言之，乔布斯的营销哲学的源头假设，和教课书里宣称的基本前提大异其趣，是苹果不可听命于市场，而要负起责任，告诉市场什么是好的，什么叫"好的极致"。源自于内在的驱动力，乔布斯领导的苹果电脑不遗余力地谋求对顾客和市场的引领。

苹果产品的新系列开发就是建筑乔布斯的这个认知的基点上的。不少大陆的 EMBA 学员在到硅谷访问苹果电脑的产品设计中心之后，告诉我他们感到的震惊。乔布斯的确是个异端，不但在中国的"代工工场"里匪夷所思，即便在美国甚至硅谷这样的创新前沿，他的驱动力也显然属于异类，他执意把市场圈进苹果电脑的独家平台，直接忤逆着 IT 行业的主流——开放共享的趋势。

乔布斯凭什么成功？在大众消费品市场上，乔布斯的价值判断是贵族式的。他的大获成功，是因为他成功地使大众体验到了买得起的"贵族般的享受"。清晰地了解并贯彻这一点，极不容易。

乔布斯有问鼎的雄心并且真地攫取皇冠在首，乃得益于他的创造性破坏能力，他在这方面着实无与伦比。很多企业家都发起过创新，可惜一阵混战尘埃落定，率先吃螃蟹的人已纷纷出局了。但乔布斯却能掌控技术紧随市场的进展，他制造混乱，重组现状，始终抢在他人之前掌控局面；他做得比谁都快，而且不断寻求自我突破，绝不给别人机会来搅局或分杯羹。

乔布斯的"王者战略"并非没有风险，事实上他栽大跟头还不止一次。1985 年他的战略失算被踢出苹果，屡试屡挫，被放逐了十二年，1997 年才重新出山。他的经历间接证明了，作决策选择，并不需要每次都成功，重大关头时的关键抉择选对了就可以成功。

不过你必须选择，做什么加上不做什么。否则命运一定会替你做，而且会像乔布斯所说的，每个人迟早要离开这个世界，他甚至不知道何时说拜拜，也许很久，也许不久，谁又说得准呢？

小建议、大乾坤

上周二（2010 年 11 月初）美国中期选举尘埃落定，共和党夺回了大幅失地。但是在加州州长的角逐中，梅格·惠特曼竟出乎意料，败给了民主党的候选人布朗。惠特曼原是 eBay 公司的 CEO，以能干亲和的形象颇得选民人望。她和布朗的竞选，总费用高达两亿美元。美国历史上竞逐州长，最昂贵的经费是 8000 万，这下记录被她破得干干净净。更妙的是惠特曼参选，掏自己腰包的就有 1.4 亿美元，据报道，这等于她家产的十分之一，可见她在商业经营上还是极为成功的。

因此我们先从惠特曼开始，来谈谈成功人士怎样在人生中汲取教益的。

"待人要和善。" 惠特曼总结，父亲的这句话令她永生难忘。女孩时期的惠特曼脾气很大，她父亲开导说："无论在什么时候，对什么人，乱发脾气都没好处，你永远也不知道将来会再遇见谁，而且发脾气通常不解决任何问题。"

1979 年惠特曼刚从哈佛商学院毕业时被宝洁公司录用。她当时心气颇高，瞧不上卖日用杂品的行当，"我怎么就干这活？"但她的顶头上司帕金森的劝导令她终生受用："无论分到什么样的工作，即使你觉得很无聊，都应该努力把它做到最好。"惠特曼认识到，完成一项任务，就是一次证明自己的机会。

1981 年惠特曼到贝恩公司工作，她的老板蒂尔尼的建议，"别处处贪功，要是你周围的人好事连连，那么好事儿迟早也会落到你的头上"。惠特曼回顾自己的历练，发觉事实确实如此：不忘给别人记功，自己进步反而更快。

通用电气的韦尔奇谈起他最受用的一个建议，是从可口可乐的前任董事长奥斯汀那里得到的。韦尔奇在 1979 年刚被选进了通用电气公司的董事会不久，去西雅图参加一次董事会。会后的董事聚会上，另一位董事奥斯汀，言行一向严谨，走到了他跟前说："杰克，千万别忘了你是谁，也别忘了你是怎么才来到这里的。"他显然注意到了韦尔奇那天衣装笔挺，衬衫还特地上了浆，在会上却表现拘谨，欲言又止。

韦尔奇顿时明白了奥斯汀含蓄的批评，正击中了他的要害：自己素来坦直，从来也不曾有话忍着不讲，惟独这次例外。韦尔奇醒悟过来，**得永远保持自己的本色**。事实上，无论顺境逆境，韦尔奇再也没有离开过他的风格。

雷石东是最大的传媒公司维亚康姆公司的 CEO。在其从商生涯中，他经常向贝尔斯登公司的格林伯格请教。格林伯格的一个建议，令雷石东觉得终身得益：**凭直觉做事**，别理会事事说不行的人，也别受制于和自己价值观不同的人。

雷石东回忆他多次实践了格林伯格的建议的经验。例如在维亚康姆公司时，他曾经为并购 MTV 频道和 Nickelodeon 国际儿童频道等新业务，展开过竞价恶斗。当时不少人质疑雷石东出价过高，说 MTV 和儿童频道不过是昙花一现的玩意儿，利润绝不会丰厚的。当时也的确没有充分的信息数据，来支持雷石东的决心。然而作为一位父亲和祖父，雷石东的直觉告诉他自己，还有什么能比儿童频道更重要呢？于是他毅然出了 5 亿美元的高价。成功并购后他果真得到了成百倍的回报。

　　韦维克·保罗是印度高科技信息公司威普罗（Wipro Technologies）的 CEO，威普罗在 2004 年跻身全球十大技术服务企业之列，在印度是破天荒的壮举。他回顾自己的经验，认为自己得到的启示来自班加罗尔郊外的一个驯象师。

　　保罗当时正步行穿越丛林，惊讶地看到一些大象被栓在一根小木桩上。于是问驯象师："庞大有力的象怎么能拴在这么小的木桩上？"驯象师回答说："这些象在幼小时，曾试图挣脱小木桩，但力气不够办不到。可是等它们长大后，却再也不会尝试去拔木桩了。"保罗就此醒悟到，人一定**别让自己过去的经历自缚手脚**，而要坚持努力做值得做的事，要有信心，自己完全有能力达到自己追求的目标。

　　霍华德·舒尔茨是星巴克公司的董事长，他一手设计、创办了星巴克，把它从一个创意发展到了家喻户晓的全球超级品牌。

　　舒尔茨非常推崇和信赖沃伦·本尼斯，舒尔茨认为这位研究领导力的世界级学者带给他的有用建议和指导真是不胜枚举。令他印象最深刻的是，"成为一名卓越领导者的艺术，首先在于**认清自己**，公司所必需但自己却又不具备的能力和特质，一定得聘用具备这些能力和素质的人，通过他们来打造世界一流的团队。"

　　在经营实践的观察和管理行为的研析上，彼得·德鲁克最受人尊重。他被推为管理学大师中的大师，理由有多方面，他的名著《卓有成效的主管》和《管理：任务、责任、实践》（均有中译本）就是佐证之一。德鲁克对管理真谛的理解固然来自他的洞察力，但一些关键的感悟却是由自己亲身的经历触发的。

　　德鲁克回忆，自己一生得到的最重要的建议是在他初入行时。那年他才 20 岁，在法兰克福一家大报担任外交事务与商业版的编辑，那是他的第一份工作。当德鲁克提交他拟写的头两篇社论的稿子时，德国总编只看了一眼就把文章给扔了回来，斥为"简直一无是处"。三个礼拜后，总编把德鲁克叫进办公室："如果你今后三星期里还不能彻底改进的话，就请另谋高就吧。"德鲁克就此事件得到的教训是，人家雇用你是为了要你干活。**要么做好，要么走人，就这么简单。**（当时培训、指导之类的还很稀罕。）

对于经理人，德鲁克的一个关键建议是，用好你的时间。他考察过千百个各界的主管，有些十分外向，有的异常内敛；有的特立独行，有的中规中矩；有的酒量惊人，有的滴酒不沾；有的和蔼热忱，有的冷若冰霜；有胖有瘦，有丑有俊，总之，个性、偏好、模样……千差万别。德鲁克发觉，"卓有成效的管理者"有一个共性相当明显，就是"善用时间"。在一定程度上，管理者的时间属于组织，而不是属于他个人的。管理者之所以能脱颖而出，在于他能用自己控制的一点时间来处理重要的事——最重要的事最先做。

德鲁克继续揭示道，事半功倍的秘诀在于关注机遇的发掘，那要重于问题的解决，而其中十分困难的是，怎样关注重要然而不紧迫的事情。因为不紧迫，貌似不重要，得不到足够的关注，从而延误了战略机遇，常常是任何个人和组织受到挫败的根由。

时间的分配，特别是关注力的分配，是明智决策的一个大题目。关注力，不妨比作时间的"密度"，或称单位时间的功效，是人类在决策和选择过程中最为紧俏的资源。至于关注力的分配及其成效，不仅关系到组织的效益，而且简直关乎个人的界定，你之所以为你——你之有别于他人，可以从你分配自己关注的事和人的组合而得到判别。

A. 拉弗利是宝洁公司的 CEO，他 1977 年加入公司，第六年上却打定主意要离开宝洁，因为他忍受不了宝洁当时令人窒息的官僚作风。他当时的上司，主管肥皂业务的多诺万给了他终身受用的忠告："你这是在逃避。你如果没有勇气留下来改变现实，那么即使换了下一份工作你还照样会逃避的。"雷富礼听了这话很受震动，最终留了下来。他回顾道，打那以后，当感觉到事情不对劲时他就会说出来。只要自己大胆说出来，并下决心去改变，就可以有所作为。

安迪·格鲁夫从英特尔公司董事长和CEO的职位上退下来已经好几年了，但他的影响却进一步得到了推崇，这十分不简单。尤其是两年来的经济崩塌，许多舞台上的名角形象遭损，甚至蒙羞。比如，GE的韦尔奇在任期间的政策做法，近来就遭到不少质疑。(有关格鲁夫的见解和经历，值得我们专门撰文评述。)

格鲁夫认为，他所得到过的最佳建议来自他最喜爱的老师纽约市立大学的施米特教授，"某些事被认为是'尽人皆知'，其实往往意味着谁都还没真正把它搞明白过"。施米特老师的这句话，影响着格鲁夫一生。格鲁夫1956年从匈牙利事变中逃脱出来后的发展，无论是职业生涯还是个人幸福，一再验证了这句话。

格鲁夫十多年前被确诊患上了前列腺癌，那可是四十岁以上男性的第一杀手。医界普遍相信，对前列腺癌最有效的治疗方法的动手术；格鲁夫的医疗小组也敦促他做手术。在此关头，格鲁夫再次启动了施米特建议。他思忖，前列腺癌的手术疗法似乎已是"尽人皆知的常识"，是否真地了解透彻了呢？于是他决定亲自来做番研究。在格鲁夫比较了各种治疗方法的结果数据，深入分析之后，却得出了不同的结论。他避免"挨一刀"，并逃过了这一劫。

不少事情看似尽人皆知，其实谁都没真正搞明白过。不依赖"尽人皆知的常识"，追溯事物的最基本原则，把对事物的认知建立在对基本事实的掌握及其分析的基础上。格鲁夫表示，施米特建议所启迪的独立思考和决策能力将始终陪伴着自己。

小措施，大收益

我们上期说到的那位拉弗利先生，在 2000 年接任宝洁公司的 CEO，十年来宝洁有着非常亮丽的成长，而拉弗利也成了全球知名的公司总裁。是什么把宝洁提升到卓越企业的呢？拉弗利本人把它归功于公司的策略研讨会，这个每年一度的例会要持续一整天来研讨公司的重大策略，目的是要确定每个产品的定位和发展方向。

上任不久拉弗利就意识到策略年会与其说是在研讨，不如说是在作秀。各个部门的主管在讲台上点击着那些事先准备好的幻灯片，然后期待他们的计划被批准。换句话，他们只是在企图把糟糕的业绩"合理化"，理由还显得相当可信，因为他们有厚厚的报告书和制作精良的图片来佐证。

于是拉弗利旋即中止了这种陋习，建立起新的议程。首先，他要求各部门主管在正式开会之前把要汇报的内容提交上来，拉弗利会勾出其中的一系列要点，让部门经理们在集体会议上重点说明。为了有充分的提问时间，报告的内容限制在三页之内；其次，策略研讨会在下午 5 点结束，但对问题的审议不会到此为止，可能持续几天到几个星期，直到所有人达成统一的意见；其三，每次辩论中，拉弗利都会把重点放在两个问题，"我们要在哪个市场上展开竞争？"和"我们如何才能赢得竞争？"这两个问题直截了当，无可推诿。拉弗利说，"当我们把问题搞得清清楚楚，以至于结论能明晰地写成一页纸，就既能保证每个人都能明白，又能得到一致的切实执行"。

拉弗利的措施我们似乎耳熟能详，它沿用并发展了郭士纳整顿 IBM 的高招。郭士纳 1994 年进入公司，力挽 IBM 的狂澜于不倒，最初的

"三板斧"里就包括同样的一招。 他不准主管们在汇报工作时依托电脑投影屏幕来演示 PPT 图表，也不准他们带助手来做替身和即席备询。这个要求迫使老总们必须勤勤恳恳地了解实情、仔仔细细地推敲解决方案、战战兢兢地来汇报并参加讨论（不妨参阅他的名著《谁说大象不能起舞？》）。至少从形式上避免了官僚们糊弄老板，也减轻了他们在一起扯皮的弊端。拉弗利学习了郭士纳而更上层楼，从而使宝洁收到了"出蓝"之誉。

接着也来谈谈新创小公司的一些奏效的措施，别让人以为只有大企业才拥有管理的智慧。

诚实茶业公司是耶鲁大学商学院教授纳尔巴夫（董事长）和他以前的学生戈德曼（总裁）在 1998 年创办的，目前已是美国首屈一指的瓶装有机茶叶品牌，销量以年均 65% 的速度增长，收入则早已突破千万美元。它最初的成功秘诀是什么？纳尔巴夫和戈德曼认为——他俩是公司的发起人——是约定在公司价值没能翻倍之前，他们不拿企业的任何股权。

他们向投资者提议了一项计划，来把大家的风险和收益绑在一起，这要比对盈利前景的大胆预测更能令投资者信服。两位创业者只有在公司的股本价值翻了 2 倍、3 倍、5 倍、10 倍和 15 倍时才逐级获得公司的股本权益。纳尔巴夫向风险投资人保证，"我们也不确切知道诚实茶业公司到底会值多少钱。但是，除非我们能够使你投资的钱翻倍，否则我们一文不取"。

这样几周之内，诚实茶业公司就迅速筹得了 50 万美元的启动资本，几位投资者认购了公司总共 100 股、每股 5 000 美元。2006 年初，公司的每股价值达到了 4.2 万美元，而纳尔巴夫和戈德曼也获得了他们原先议定的 25% 的股权。

让利益相关者管理自己

我们接着上期再举两个案例，来说明在解决运营难题上，一些小公司的小措施也能够收到出色的效果。

丹尼尔法式餐厅是曼哈顿的顶级餐馆，无论在顾客评语和《纽约时报》之类的专家排名，常年都得到最高的星级。在经营上，它的问题不是缺少食客，相反，对于想到丹尼尔来用餐的人来说，它是供难应求；丹尼尔的困境是来晚餐的客人绝大多数是通过电话预先订座的。客人预订的餐桌至少得保留半个小时，不少客人到时却不能够来，然而为了他们的预订，餐厅不得不婉辞掉其他客人的订座。结果是虽然市场需求很旺盛，顾客却不盈门，很多时候餐桌处于空等，白白浪费了盈利的机会。

这等问题几乎每家餐馆都会有，不过丹尼尔的状况突出的棘手。晚餐的价位挺高的，客人有理由期待 VIP 的高品质服务，餐厅若提出过多的限制很可能就拂了客人的面子。而且越是有名的餐馆，客人预订的时间越会早些，以免订不上。在这段长时间里，客人排不过来而改变计划，也就在情理之中了。对于两难的局面，经理踌躇良久仍不得解决。后来一位专攻营销心理的教授提出，能否请处理预订的接线小姐在记录订座后，温婉又明确地提示客人："先生（或女士）万一不得不改变计划，不能光临的话，能不能麻烦您通知我们一声好吗？"无一例外地，客人都会爽快回答："行。"

这句客气简短的提示，效果极佳，爽约不来用餐的预定座位显著地减少了。它不啻让客人做了某种承诺，把改变的通知义务内在化为客人自己的责任，即便丹尼尔餐厅无法具体敦促客人这样做，更没法用奖惩来促使他们履行其承诺。

说来颇有点奇怪，对于美国的消费品零售商来说，运营成本中极高昂的一项，是所谓"缩水"，即库存的"不正常"短缺，它甚至超过了退货的成本。尽管大家都明白，这类短缺多半是由于内部员工顺手牵羊造成的，但要查却难，也难杜绝，令零售商家很是苦恼。例如，美国2005年这个问题造成了企业的损失，据估算超过了300亿美元。

一家名叫"男子服饰大卖场"（Men's Warehouse）的美国公司权衡之下出了个新招：哪个门市店的缩水率低于行业的平均水平，员工就可以分到一定的季度奖金；缩水率大大低于行业的平均水平的话，就能获得"优秀"的表彰，奖金自然也会高不少。公司的CEO布瑞斯勒先生称，奖金即便不足以买辆汽车，可也相当可观的。

结果出奇地好，"男子服饰大卖场"在很大程度上解决了"缩水"的难题。公司的新奖金制度使大家认为，某些员工揩油的不再只是公司的东西，而且也是在偷同事和自己的钱，从而加重了他们在道德上的负担。

接下来我们介绍的三个小措施，都是旨在"做人的工作"，内在的逻辑也一样，就是"让群众自己管理自己"。

UPS（联合包裹捷运公司）的效率是有口皆碑的，它得到了客户和市场很高的认同。UPS在促进公司的22万名司机和包裹处理员有效协同工作方面有何高招呢？无线信号传输、性能可靠的运输工具以及世界顶尖的物流网络等硬件设备固然重要，然而公司明白，怎样克服似乎不可避免的工作懈怠，更是关键所在。

UPS的经理们在每天工作一开始，必召集员工们开一个紧凑的短会，仅仅3分钟而已。通常以宣布公司的通知开始，到送货员的掌上电脑的更新升级等等；然后会简报本单位发生的事情，如交通状况、客户投诉等；会议都以一个安全提示来收尾。这种"3分钟碰头会"，有时一天得召开数次。

"3分钟会"既保持了员工之间信息始终通畅，会议时间的限制也促进了精简有效。因为司机和包裹处理人员往往是计件取酬的，若沟通时间过长的话，会影响员工的工资收入，同时会减少投递的包裹数量，这正是UPS努力所要避免的。3分钟的短会已被公司的运作证明非常成功，现在进一步推广到了办公室的白领员工，他们也开始用3分钟短会来开始一天的工作了。

美国的零售食品连锁企业自然食物公司（Whole Food Market），创立不过几年市值就超过了五十亿。它在通过盈利分享来提升业绩方面确有一套，来看看他们是怎么做的。

管理层会把人工支出——这在食品超市是个大项——同预算不断做对比。每隔四周经理就会把阶段盈余除以人工小时数，然后把"盈余共享"加到员工的小时工资里。举例来说，如果1500个工时分配到的盈余是3000美元的话，那么员工的时薪就可以加额外的2美元。

更妙的是，这种激励措施在招聘新员工时也管用。新来的员工要想转为正式员工，必须有三分之二的正式员工投赞成票通过才行。这种方式让团队成员有机会表达他们评价新员工贡献的真实意见，因为新来的员工一旦加入团队，就要同原有的成员一起来分享盈余，老员工处于自身利益的计较，会进行有效的"群众监督"。他们不会像通常那样，觉得多个人手大家总可以轻松一点，反正工资是老板发的。现在他们可能会说：这个人效率不怎么样，不适合加入（来分享我们的奖金）。

坐落在纽约曼哈顿的彭博通讯社新总部，办公楼建筑的中心结构像一个庭院，被六层楼高的钢架和玻璃的椭圆形"帘幕"围起来。从这个蜂巢般的横截面，员工们可以互相看到，工作区域开阔，没有私人办公室，隔间全是玻璃墙。

比如，CEO芬威克先生在第六层的一张办公桌，向周边的125个销售和售后服务人员开放。坐在旋转座椅上能够一览无余，令芬威克最为满意，他说："一旦发生问题，我会比那些不中用的软件更快地觉察到；电话铃一响起，我看着不同的面孔就明白他们经受着怎样不同的压力……这个建筑设计所能带来的流畅沟通真是非常惊人的。"

关注力决定效益

在本系列前几则，我们曾指出成效卓著的决策者在"善用时间"上是有高度相同之处的，他们之所以能在同侪中脱颖而出，在于能把自己控制的时间分配去处理重要的事——最重要的最先做。

在时间这个最关键的要素上，上帝可谓是惊人的公平，每个人一天都是 24 小时，而能造成效率差别的时间就更短了，至多 12 个小时而已。任何人都无法授权让别人来代理刷牙洗澡、进食睡眠。而他们追求的幸福体验，也无从假手于人。即使李嘉诚也无法花钱雇人代打高尔夫，而得到打球的快乐；当然巴菲特也不能授权他人替他打桥牌，从而省下时间来搞投资。

区别效益高低的不仅是怎样分配 12 个小时的可控时间，更关键的是人们分配关注力的差异。及时关注重要但貌似不紧迫的事物，是区分决策之低效或高效的秘诀所在。这期我们专门来谈，杰出的人是如何分配他们的时间，特别是他们的关注力的。

戈森先生（Carlos Ghosn）每个月都在巴黎、东京、美国循环飞行，他同时担任着法国的雷诺汽车公司及其并购的日产汽车的 CEO，还是日产在北美业务的负责人。三地的环境、文化、监管要求、员工素质、分销结构，差别十分悬殊，运营的繁杂和风险可想而知。戈森是怎样成功响应艰巨的挑战的呢？

戈森在组织上做了调整和安排，他在三个国家各有一位助理，分别都精通日语＋英语，或法语＋英语，他们非常清楚什么是戈森要关注的问题，并负责替戈森筛选所有邮件和文件；确保他能见到两个公司在三地的很多关键的人，了解实际发生的动态变化。戈森有非常严格的规定，凡是针对某个具体议题的会议，时间不得超过一个半小时，会议时间一半用于报告，另一半则用来讨论。

每个月戈森通常在美国一个周，然后到日本待一周，法国待两个星期。戈森坦承，他和大家都是凡人，也会感到痛苦和压力，也有飞行时差问题，压力大时也会夜不成眠，在时间管理上他不得不有取有舍。他说负责管理日产公司之初，他每个月要走访一家经销商，每两三个月走访一家工厂；如今接手了雷诺总公司的重任，他在日本只能每半年走访一家经销商，每年走访一家工厂了。

戈森的睡眠必须保证 6 小时，他说，否则就没精神。通常他早晨 6 点钟前起床。需要思考重大问题时就起得更早。知道自己在清晨思维最活跃，他因此要求一天的会议不可在上午 8 点前开始。同时他认为，要和问题保持适当距离，所以从不会把工作带回家来完成，周末也一定陪伴家人。经过周末的休整，他的精力更加充沛，有更好的视角，也更能迸发出好的想法。

王薇薇（Vera Wang）担任自己创立的服饰化妆品集团的 CEO，她的设计创意是如此之成功，使她成了服装设计甚至影视娱乐界的偶像符号，在美国华裔群里这是相当罕见的。

据王薇薇自己说，她的大量设计工作是在卧室里完成的。躺在床上，她能彻底放松地冥想或浏览，灵感就会自然涌现出来。而日常在办公室里为解决各种紧急情况整天忙，很难有这种平静来思索创意了。

同时平衡好生意人和创意人这两个角色，做到有条不紊，绝非容易。王薇薇说自己几乎不使用电子邮件，否则会被各种琐屑杂事缠身，搞得精神错乱起来。她也讨厌电话。虽然做买卖总需要人际之间的沟通，但除非逼不得已，她会让助理进行预处理，电话是否需要即刻答复？能否等几天再处理？有空时再回复他们可以吗？不过，王薇薇总让她的员工能够找到她。这点她很明白，即使是首席执行官，自己却不得不时时担当一些运营功能，比如说安抚不满意的客户、与打算辞职的员工谈心，等等。

星巴克的董事长舒尔茨（Howard Schultz）在收集和处理信息方面，方式也很古典。他通常起得很早，5点至5点半起床后立即冲杯咖啡来喝，一边浏览《华尔街日报》等报刊，同时收听语音信箱里传来的过去24小时的销售业绩汇总。到办公室后他做的第一件事是阅读当日简报——当天工作安排的路线图。白天他主要处理美国的业务，晚上则和亚洲区进行对话。

舒尔茨每周至少要走访25家星巴克咖啡店，并参观其他企业，"像海绵似地"去学习它们的长处，所以他每7周就会有一个星期到世界各地旅行。舒尔茨常来中国市场，但长途飞行对已经高龄的他毕竟是辛苦活，不过他还是会充分利用长时间飞行来阅读，随身带着一台掌上电脑，在全球各地都能用上。总体来说，舒尔茨不太喜欢用电子邮件进行交流，认为这看似简便，实际上却妨碍了人与人之间的交流。

盖茨在微软的办公方式则全然不同，办公室里几乎没有纸张，办公桌上三个屏幕合成了一个大电脑桌面，左边的屏幕是邮件列表，中间的屏幕是需要回复的邮件，浏览器则在右边的屏幕上。文件可以在屏幕之间拖来拖去，还能看到相关的链接。电子邮件超过了电话、纸质文档、会议等方式，在微软是首选和最常用的沟通渠道，留言和传真都已经整合到邮件箱里了。盖茨每天收到过滤过的100封左右的邮件，他面临的挑战是如何把时间花在最重要的邮件上，从众多信息中找准关注点，不被海量的信息所淹没，是极为重要的事。

每到周末，盖茨就会"长考"一周来回有分量的邮件，花时间撰写并发出回复。星期一大家上班后，就会发现老板周末忙碌作的"功课"。盖茨每年还会"闭门退修"一个星期，来阅读成百篇微软员工的研究报告，涉及公司的方方面面以及技术前景展望。他阅读和批注的过程已经直接数字化，并对整个公司公开。于是，大家就都能在第一时间里看到老板的反馈了。

早起的鸟儿

和盖茨一样积极使用电脑设备来改进自己的工作效率的，波斯纳先生（Richard Posner）也是一例。他是美国联邦上诉法庭的法官，一流的法学理论家，著作大半有了中译本，在国内知名度很高。在执法之余，他撰写了大量高品质的法理学著作，引起人们广泛的好奇，波斯纳法官何以有如此高的效率？下面是我们对他对时间管理自述的摘编。

"数字化（电脑）大为降低了信息交流的成本。对于我这样从事脑力工作的，很少面对面的交流，几乎不打电话交谈的人来说，影响是革命性的。我实现了在家办公，对电子邮件的依赖到了无以复加的地步，以至于无法想象在外过夜而没带上笔记本电脑会有多糟糕。我一般早上7点45分起床，大约在9点半到10点到办公室。午餐后我一般就回家了，从下午一直工作到晚上11点半左右（除了用晚餐）。我忙着写审判意见、写书、写博客，等等。

"在法庭开庭期间，在场的3位法官组成的审判组每天听审6起案件，把案件平分，每个法官要负责写两份审判意见。一般我都会在听完辩论的当天晚上，花大约4个小时来撰写分给我的那两份审判意见的初稿。我写作的速度很快，一个晚上能写二三十页文稿。我发现有效的做法，是先写出草稿，然后知道哪些地方思考还欠缜密，还需要做哪些研

图书在版编目（CIP）数据

市场的博弈 / 孙涤著. —上海：格致出版社：上
海人民出版社，2011
　ISBN 978-7-5432-1976-2

　Ⅰ.①市…　Ⅱ.①孙…　Ⅲ.①经济学－文集　Ⅳ.
①F0-53

中国版本图书馆 CIP 数据核字（2011）第 118705 号

责任编辑　钱　敏
美术编辑　路　静

市场的博弈
孙涤 著

出　　版　世纪出版集团　　格 致 出 版 社
　　　　　www. ewen. cc　　www. hibooks. cn
　　　　　　　　　　　　　上海人民出版社

（200001　上海福建中路193号24层）

编辑部热线 021-63914988
市场部热线 021-63914081

发　　行　世纪出版集团发行中心
印　　刷　上海图宇印刷有限公司
开　　本　787×1092 毫米　1/16
印　　张　13
插　　页　1
字　　数　162,000
版　　次　2011 年 8 月第 1 版
印　　次　2011 年 8 月第 1 次印刷
ISBN 978-7-5432-1976-2/F·444
定　　价　32.00 元

格罗斯相信，投资组合的专业管理者必须把海量信息精简到最低水平，剔除噪音的干扰是非常关键的。所以他从不读或回复自己不想看的邮件，一天里也只接听三四个电话，既不用手机，也不用黑莓。他的座右铭是"切断跟外界的联系，摆脱影响，独立思考"。

被称为"债券天王"，格罗斯直接负责的资金约在3000亿美元以上，他要查看各类资产组合的状况及其变化，决定是加仓或是减仓的调整。很多时候市场没出现什么机会，那他整天都不作为，这就更需要定力和耐心了。

每天早晨8点半，格罗斯就起身离开办公室，到马路对面的健身俱乐部去做一个半小时的瑜珈练习。格罗斯说，在练瑜珈倒立时，大脑的供血供氧大增，最妙的思路会突如其来地涌现。远离了喧嚣的环境和彭博资讯的大屏幕，也就摆脱了各式噪音。他说这一个半小时的锻炼，不但使自己感到身心愉悦，精力充沛，实际上也是最高效的工作时间。

前文曾屡次提到的宝洁公司的CEO拉弗利先生，也是只"早起的鸟儿"，他早晨5点到5点半就起床了。稍作锻炼后，他会在6点半到7点之间到办公室，接下来就埋头工作，一直干到晚上7点间。拉弗利说他不但学会了如何管理时间，也学会了关注管理精力。他现在只高度集中精力工作一到一个半小时，然后花5至15分钟休息一下，四处走走，和同事们聊会儿天，精力明显地再度旺盛起来。

他和格罗斯一样，相信保持冷静的一个关键是要把海量信息精简到最低。他简直不写备忘录，而更喜欢与人交谈。他把办公楼层都搞成开放式的，气氛温馨，鼓励大家来和他交谈。

拉弗利为公司的员工举办了"公司运动员"的保健项目，到头来令他自己也受益匪浅，无论在体魄上、饮食习惯上，还是心绪精神上的。他从这个保健项目中学会了沉思。他常作公务旅行，发现夜晚在酒店房间里如果能够沉思上15分钟、10分钟哪怕是仅仅5分钟的话，效果和健身是同样的棒，使得他更能了解自己，更能在压力下保持清醒的头脑。

究，有待继续充实和完善。"

保尔森（Hank Paulson）在国内也算是赫赫有名，这位高盛的前CEO，以果决著称，2008年他在美国财政部长任上制定了有史以来最大规模的政府救市措施，注定会被载入史册。他对时间和关注力的配置又有什么特色呢？

保尔森从来不用电子邮件，他的通讯方式主要靠电话的语音信箱，每天要处理几百封留言。他明白这样做有利也有弊，凡是不重要或难缠的电话，他会让助理来应答。但保尔森从不让助理帮他筛选留言，恐怕会遗漏重要的联系要求，无论来自高盛内部还是客户的。虽然保尔森在用电脑新系统上相当保守，在使用手机上他却是第一批吃螃蟹的人。

高盛有将近40%的收入来自海外市场，因此保尔森需要经常出差。例如，他到中国就来了不止75次。抵达北京的时间往往在清晨6点，最早的一班越洋航班。一入住酒店，他就去健身房跑步。会议则从8点钟开始，一个接一个，直到晚上9点。第二天他还是会先去健身，然后开始工作。保尔森离开北京则坐晚上的航班，保证他第二天早上能赶回到纽约的办公室，随即工作。

在纽约家里的时候，保尔森晚上10点就上床睡觉，早晨5点半起床，每周锻炼四五次。如果有晚宴需要应酬的话，一定是晚上6点半准时开始，8点半准时结束。

人们发觉，成就极高的卓越人士往往是"早起的鸟儿"——睡得很早起得更早。格罗斯（Bill Gross）也是一位，他比保尔森起得更早。

格罗斯是太平洋投资管理公司（Pimco，全球最大的债券基金管理公司，所管理的资金超过了1.3万亿美元）的首席投资官。他每天凌晨4点半即起身了，会先查看彭博资讯来领会市场的动态。早上6点左右他就到了家附近的办公室。公司在洛杉矶南端的新港海滨，此时纽约已是上午9时，离开市还有半个小时。